André Klocksin

Die Rechtsformwahl für die wirtschaftliche Betätigung der Gemeinden nach nordrhein-westfälischem Landesrecht

Diplomica Verlag GmbH

Klocksin, André: Die Rechtsformwahl für die wirtschaftliche Betätigung der Gemeinden nach nordrhein-westfälischem Landesrecht. Hamburg, Diplomica Verlag GmbH 2013

Buch-ISBN: 978-3-8428-9733-5
PDF-eBook-ISBN: 978-3-8428-4733-0
Druck/Herstellung: Diplomica® Verlag GmbH, Hamburg, 2013

Bibliografische Information der Deutschen Nationalbibliothek:
Die Deutsche Nationalbibliothek verzeichnet diese Publikation in der Deutschen Nationalbibliografie; detaillierte bibliografische Daten sind im Internet über http://dnb.d-nb.de abrufbar.

© Diplomica Verlag GmbH
Hermannstal 119k, 22119 Hamburg
http://www.diplomica-verlag.de, Hamburg 2013
Printed in Germany

INHALTSVERZEICHNIS

Abbildungsverzeichnis

Abbildung Abbildungsbezeichnung

Tabellenverzeichnis

Tabelle Tabellenbezeichnung

Abkürzungsverzeichnis

A .... Abschnitt

Abb .... Abbildung

Abs .... Absatz

AEAO .... Anwendungserlass zur Abgabenordnung

AG .... Aktiengesellschaft

AktG .... Aktiengesetz

Aufl .... Auflage

Az .... Aktenzeichen

bes .... besonderes

betr .... betreffend

BFH .... Bundesfinanzhof

BgA .... Betrieb gewerblicher Art

BGBl .... Bundesgesetzblatt

BMF .... Bundesministerium der Finanzen

BRRG .... Beamtenrechtsrahmengesetz

bspw .... beispielsweise

BStBl .... Bundessteuerblatt

BVerfGG .... Bundesverfassungsgerichtsgesetz

bzw .... beziehungsweise

DB .... Der Betrieb

Diss .... Dissertation

DÖV .... Die öffentliche Verwaltung

EG .... Europäische Gemeinschaft

EG-Rl .... EG-Richtlinie

EigVO .... Eigenbetriebsverordnung

1   Abgrenzung der Themenstellung

Die Gemeinden betätigen sich zum Teil auch wirtschaftlich und treten dabei in Konkurrenz zu privatwirtschaftlichen Unternehmen. Beispielhaft können hier folgende Bereiche genannt werden: Volkshochschulen, Ver- und Entsorgungsbetriebe, Kommunale Rechenzentren, Verkehrsbetriebe, Krankenhäuser, Sparkassen, Kommunale Wohnungs- und Baugesellschaften. Eine abschließende Aufzählung ist nicht möglich, da die Betätigungen vielfältig und unterschiedlichster Art sind.

In der Nachkriegszeit hat die wirtschaftliche Betätigung der öffentlichen Hand stark zugenommen.[1]

Gerade in Zeiten knapper finanzieller Mittel und bedingt durch die derzeitige Staatsschulden- und Finanzkrise kommt der wirtschaftlichen Tätigkeit der Gemeinden eine besondere Bedeutung zu. Dabei sind den Gemeinden jedoch Grenzen gesetzt, da die wirtschaftliche Tätigkeit auf die Daseinsvorsorge begrenzt ist. Als Triebkräfte für die wirtschaftliche Betätigung der Gemeinden nennt Brandt: Selbstversorgung, Fürsorge, Vorsorge sowie Expansion.[2]

Fraglich ist, in welcher Rechts- bzw. Organisationsform die wirtschaftliche Tätigkeit ausgeübt werden soll. Hier stehen Rechts- und Organisationsformen des Privatrechts sowie des öffentlichen Rechts zur Verfügung. Die einzelnen Rechts- und Organisationsformen haben Vor- und Nachteile, die sorgfältig geprüft und gegeneinander abgewogen werden müssen.

Nicht immer orientieren sich die Gemeinden bei der Auswahl einer Rechts- oder Organisationsform an realen Gegebenheiten, sondern unterliegen bspw. Image und Prestige der privatrechtlichen Rechtsformen. So gelten

---

[1] Vgl. Brandt, Jürgen 1929: 3.
[2] Vgl. Brandt, Jürgen 1929: 25.

bspw. die GmbH und die AG als fortschrittlich und modern.[3] Dies hat in der Vergangenheit auch zu finanziellen Schwierigkeiten der privatisierten Unternehmen geführt.[4]

Besondere Fragestellungen ergeben sich bei der Kapitalaufbringung, der Haftung und der Insolvenzfähigkeit. Die Rendite oder ein Gewinn stehen bei der wirtschaftlichen Betätigung der Gemeinden oft nicht im Vordergrund.

Mittels Ausgründung wird oft versucht den Schuldenstand der Gemeinde positiv zu beeinflussen oder die Personalausgaben der Gemeinde zu reduzieren, indem Positionen aus dem kommunalen Haushalt der Gemeinde ausgegliedert werden.

Die unterschiedlichen Rechts- und Organisationsformen haben Auswirkung auf die Besteuerung, das Rechnungswesen (Buchführung, Kosten- und Leistungsrechnung), sowie auf die Art des zu erstellenden Jahresabschlusses. Abhängig von der gewählten Rechts- bzw. Organisationsform können sich unterschiedliche Regelungen bezüglich Offenlegung und Prüfung des Jahresabschlusses ergeben. Die Gründungskosten und Formalitäten sind unterschiedlich und können erheblich voneinander abweichen. Darüber hinaus unterscheiden sich die Kosten der laufenden Betriebsführung je nach gewählter Rechts- bzw. Organisationsform (z. B. beurkundungspflichtige Hauptversammlungsbeschlüsse bei der AG etc.).

Weitere Entscheidungskriterien sind das Management, Personalwirtschaft, Mitbestimmung, steuerliche Gestaltung sowie die Zusammenarbeit mit anderen Gebietskörperschaften oder der Privatwirtschaft.

Die Form der Planung, Steuerung und Kontrolle der öffentlichen Unternehmen ist je nach Rechts- bzw. Organisationsform unterschiedlich. Die

---

[3] Vgl. Ehlers, Dirk 1984: 349.
[4] Vgl. Ade, Klaus et al. 2011: 577.

Einflussnahme auf das öffentliche Unternehmen muss weiterhin durch Gemeinderat bzw. Bürgermeister gewährleistet sein.

Die Umwandlungsmöglichkeiten von kommunalen Betrieben spielen bei der Entscheidung für eine bestimmte Rechts- bzw. Organisationsform eine entscheidende Rolle, da im Laufe der Zeit Privatisierungen sowie Änderungen der Rechtsform in Frage kommen können. Gründe für die Umwandlung von kommunalen Unternehmen können sein:

- Optimierung der Rentabilität und Wirtschaftlichkeit[5]
- Flexiblere Gestaltung der Aufbau- und Ablauforganisation[6]
- Umgehung von vergaberechtlichen Anforderungen
- Ausschluss des öffentlichen Dienstrechts und der Bestimmungen des Personalvertretungsgesetzes[7]
- Entlastung des kommunalen Haushaltes[8]
- Umgehung haushaltsrechtlicher Besonderheiten[9]
- Optimierung des internen und externen Rechnungswesens[10]
- Einführung einer Haftungsbeschränkung[11]
- Beschleunigung von Entscheidungen[12]
- Verdrängung der politischen Einflussnahme[13]

Die für diese Untersuchung ausgewählten öffentlich-rechtlichen Rechts- und Organisationsformen Regiebetrieb, Eigenbetrieb, Anstalt öffentlichen Rechts sowie Zweckverband werden bezogen auf das nordrhein-westfälische Landesrecht dargestellt.

---

[5] Vgl. Ehlers, Dirk 1984: 298.
[6] Vgl. Ehlers, Dirk 1984: 299.
[7] Vgl. Ehlers, Dirk 1984: 303.
[8] Vgl. Ehlers, Dirk 1984: 311.
[9] Vgl. Ehlers, Dirk 1984: 309.
[10] Vgl. Ehlers, Dirk 1984: 310.
[11] Vgl. Ehlers, Dirk 1984: 315.
[12] Vgl. Ehlers, Dirk 1984: 313.
[13] Vgl. Ehlers, Dirk 1984: 313.

Beim Vergleich der zur Verfügung stehenden Rechts- und Organisationsformen können sich bestimmte Kriterien als KO-Kriterium erweisen.
Schneeloch nennt diverse KO-Kriterien, die sich aus Sicht des Entschei-
ders für eine Rechtsform ergeben können. Dabei kommen nach Schneeloch vor allem folgende KO-Kriterien in Betracht:[14]

- Unmöglichkeit einer Fremdgeschäftsführung oder Fremdvertre-
  tungsmacht
- Die für Kapitalgesellschaften geltenden Offenlegungspflichten
- Nichteignung der Gesellschafter

In den letzten Jahren sind von den Gemeinden umfangreiche Privatisie-
rungsaktivitäten durchgeführt worden. Die Rechtsform des Eigenbetriebes
hat dabei kontinuierlich abgenommen.[15]

---

[14] Vgl. Schneeloch, Dieter 1997: 99.
[15] Vgl. Haibt, Alexander 1999: 13.

Die Mitgliederstatistik der VKU stellt in Tabelle 1 eine Verteilung der Rechts- und Organisationsformen nach Bundesländern dar. Der Eigenbetrieb und die GmbH stellen die am häufigsten verwendete Rechts- bzw. Organisationsform dar.

Tabelle 1: Anzahl der VKU Mitgliedsunternehmen nach Rechtsformen[16]

Bundesländer/Ausland	Eigenbetrieb	Zweckverbände sowie Wasser- und Bodenverbände	AöR	sonstige öffentliche Organisationsformen	AG	GmbH	sonstige Gesellschaften	insgesamt
Baden-Württemberg	58	13	0	13	4	71	9	168
Bayern	61	9	11	27	4	71	14	197
Berlin	0	0	3	0	3	0	2	8
Brandenburg	2	2	3	1	0	36	0	44
Bremen	2	0	0	1	0	0	0	3
Hamburg	0	0	1	0	1	3	0	5
Hessen	34	9	6	14	11	48	2	124
Mecklenburg-Vorpommern	3	0	0	0	2	25	1	31
Niedersachsen	21	7	15	12	7	64	6	132
Nordrhein-Westfalen	69	11	28	26	16	166	15	331
Rheinland-Pfalz	28	7	9	2	6	28	0	80
Saarland	2	3	1	6	2	16	2	32
Sachsen	4	3	0	0	6	43	1	57
Sachsen-Anhalt	3	4	2	0	0	38	0	47
Schleswig-Holstein	19	3	4	6	1	42	2	77
Thüringen	2	5	0	0	0	41	0	48
Luxemburg	0	0	0	0	0	0	1	1
Österreich	0	0	0	0	1	0	0	1
Schweiz	0	0	0	0	0	0	1	1
Insgesamt	308	76	83	108	64	692	56	1.387

Die Daten der obigen Statistik können jedoch nur als allgemeiner Trend gesehen werden, da nicht alle öffentlichen Unternehmen Mitglied der VKU sind. [17]

---

[16] Online in Internet: „URL: http://www.vku.de/grafiken-statistiken/statistik.html [Stand: 8.8.2012]".

[17] Für aussagekräftigere Daten zu den verwendeten Rechts- und Organisationsformen in NRW wird auf die Statistik des statistischen Bundesamtes aus dem Jahr 2011 im Anhang verwiesen.

In der Betriebswirtschaftslehre werden die Begriffe Unternehmen und Betrieb differenziert. Im Umfeld der wirtschaftlich tätigen kommunalen Organisationen treten beide Begriffe unscharf nebeneinander auf. Gesetzlich sind die Begriffe nicht definiert. Vielmehr verwendet der Gesetzgeber beide Begriffe, ohne auf die in der Betriebswirtschaftslehre vorhandenen Unterscheidungsmerkmale Rücksicht zu nehmen. In dieser Untersuchung werden beide Begriffe synonym verwendet. Eine Klassifizierung der existierenden öffentlichen Unternehmen lässt sich nach den Eigentumsverhältnissen vornehmen. Schematisch ist dies in Abbildung 1 dargestellt.

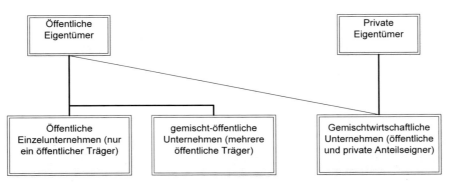

Abbildung 1: Mögliche Eigentumsverhältnisse bei öffentlichen Unternehmen[18]

Von einem öffentlichen Unternehmen soll nachfolgend ausgegangen werden, wenn die Gemeinden an Einrichtungen oder Unternehmen, die in einer privatrechtlichen Form geführt werden, mit mehr als 50% des Nennkapitals oder des Stimmrechts beteiligt sind. Diese Abgrenzung wird im Finanz- und Personalstatistikgesetz zur Abgrenzung der erhebungsrelevanten Daten verwendet (§ 2 Absatz 3 FPStatG).

In dieser Untersuchung wird in Kapitel zwei zunächst die Zulässigkeit für die wirtschaftliche Tätigkeit der Gemeinden dargestellt. In den Kapiteln drei bis acht werden die zur Verfügung stehenden Rechts- und Organisationsformen dargestellt und wichtige Aspekte erläutert, die für die Wahl der Rechts- bzw. Organisationsform von Bedeutung sind. In Kapitel neun er-

---

[18] Vgl. Mühlenkamp, Holger 1994: 2.

folgen die Bewertung und der Vergleich der behandelten Rechtsformen. Kapitel zehn enthält das Fazit und den Ausblick.

Die gemischtwirtschaftlichen Unternehmen werden in dieser Untersuchung nicht behandelt, da sie anderen Bedingungen als die öffentlich-rechtlichen Unternehmen ausgesetzt sind. Personengesellschaften werden nicht berücksichtigt, da sie aufgrund der fehlenden Haftungsbegrenzung für die Gemeinden als Rechtsform nicht zur Verfügung stehen. Vereine und Stiftungen spielen im kommunalen Umfeld eine geringere Rolle und werden ebenfalls außen vor gelassen.

Die steuerrechtlichen Rahmenbedingungen für öffentlich-rechtliche Rechts- und Organisationsformen sind für Regie-/Eigenbetrieb, Anstalt öffentlichen Rechts und Zweckverband weitestgehend identisch. Daher wird lediglich in Unterabschnitt 3.2 ausführlich auf die Besteuerung eingegangen.

Die Umwandlungsmöglichkeiten werden in dieser Untersuchung lediglich angerissen da, sie ein Kriterium für die Rechtsformwahl darstellen. Auf in das Detail gehende Erläuterungen wurde verzichtet.

2 Zulässigkeit der wirtschaftlichen Betätigung von Gemeinden

Die Zulässigkeit der wirtschaftlichen Betätigung von Gemeinden gilt nicht unbegrenzt. Regelungen hierzu befinden sich im Grundgesetz sowie in den landesrechtlichen Vorschriften. Zusätzlich können sich Schwierigkeiten ergeben, wenn öffentliche Unternehmen in Konkurrenz zu privatwirtschaftlichen Anbietern treten und gegen § 1 des UWG verstoßen. Betätigen sich die Gemeinden wirtschaftlich in nicht bevorzugten Bereichen, müssen sie mit zunehmenden Klagen aus der Privatwirtschaft rechnen.[19]

Volkswirtschaftlich wird die Betätigung der Gemeinden ebenfalls kritisch gesehen. Es besteht die Gefahr der Fehlleitung von Produktion und Kapital sowie der Missbrauch behördlicher Autorität.[20] Dabei darf jedoch nicht vergessen werden, dass die Gemeinden auch die Ziele des Stabilitäts- und Wachstumsgesetztes unterstützen müssen und die öffentlichen Unternehmen einen Beitrag dazu leisten können.

2.1 Grundgesetz

Die verfassungsrechtliche Grundlage für die wirtschaftliche Betätigung ist in Artikel 28 Absatz 2 des Grundgesetzes geregelt. Hinzu kommen landesrechtliche Ergänzungen in den Gemeindeordnungen der Bundesländer.[21]

In Artikel 28 GG ist den Gemeinden die kommunale Selbstverwaltung der Gemeinden garantiert. Die Gemeinden dürfen damit alle Angelegenheiten der örtlichen Gemeinschaft im Rahmen der Gesetze in eigener Verantwortung regeln.

---

[19] Vgl. David, Hans-Joachim 2000: 743.
[20] Vgl. Brandt, Jürgen 1929: 70-80.
[21] Vgl. Schraffer, Heinrich 1993: 19.

Enthalten sind in Artikel 28 GG mehrere Verfassungsgarantien:[22]

- Rechtssubjekt „Gemeinde"
- Institution der kommunalen Selbstverwaltung
- Zwingende organisatorische Grundentscheidung zugunsten eines Staatsaufbaus nach Gemeinden und Gemeindeverbänden

Die Gemeinden können gemäß § 91 BVerfGG eine Verfassungsbeschwerde mit der Behauptung erheben, dass ein Gesetz des Bundes oder des Landes die Vorschrift des Artikels 28 des Grundgesetzes verletzt.

Das Bundesverwaltungsgericht hat in seinem Grundsatzurteil vom 27.05.2009 die Entscheidungsfreiheit bei Privatisierungen eingeschränkt. Demnach obliegt einer Gemeinde auch die Sicherung und Wahrnehmung ihres Aufgabenbereichs, um eine wirkungsvolle Selbstverwaltung und Wahrnehmung der Angelegenheiten der örtlichen Gemeinschaft zu gewährleisten, da sich aus Artikel 28 Absatz 2 Satz 1 GG auch eine Bindung der Gemeinden hinsichtlich der Wahrung und Sicherung ihres eigenen Aufgabenbestandes ergibt, wenn dieser in den Angelegenheiten der örtlichen Gemeinschaft wurzelt.[23]

2.2   Gemeindeordnung NRW

Die Zulässigkeit einer wirtschaftlichen Betätigung für die Gemeinden sind in § 107 GO NRW zu finden. Danach darf sich eine Gemeinde zur Erfüllung ihrer Aufgaben wirtschaftlich betätigen, wenn

1. ein öffentlicher Zweck die Betätigung erfordert
2. die Betätigung nach Art und Umfang in einem angemessenen Verhältnis zu der Leistungsfähigkeit der Gemeinde steht und

---

[22] Dolzer-Stern, Klaus, Art. 28 GG, Rdnr. 66.
[23] BVerwG, Urteil vom 27.05.2009, Az. 8 C 10.08.

3. bei einem Tätigwerden außerhalb der Wasserversorgung, des öffentlichen Verkehrs sowie des Betriebs von Telekommunikationsleitungsnetzen einschließlich der Telekommunikationsdienstleistungen der öffentliche Zweck durch andere Unternehmen nicht besser und wirtschaftlicher erfüllt werden kann

Die Vorschriften in den §§ 107 ff. GO NRW können eine drittschützende Wirkung entfalten. Mit Beschluss vom 13. August 2003 hat das OVG Münster die Klagebefugnis eines drittbetroffenen Privatunternehmers bejaht[24] und erstmals anerkannt.[25]

Als wirtschaftliche Betätigung ist der Betrieb von Unternehmen zu verstehen, die als Hersteller, Anbieter oder Verteiler von Gütern oder Dienstleistungen am Markt tätig werden, sofern die Leistung ihrer Art nach auch von einem Privaten mit der Absicht der Gewinnerzielung erbracht werden kann.[26]

Der Betrieb gemeindeeigener Wirtschaftsunternehmen und Einrichtungen ist jedoch noch an weitere gesetzliche Voraussetzungen gebunden. Die Regelungen hierzu befinden sich in § 108 GO NRW. Weiterhin muss sichergestellt sein, dass

- eine Rechtsform gewählt wird, welche die Haftung der Gemeinde auf einen bestimmten Betrag begrenzt
- die Einzahlungsverpflichtung der Gemeinde in einem angemessenen Verhältnis zu ihrer Leistungsfähigkeit steht
- die Gemeinde sich nicht zur Übernahme von Verlusten in unbestimmter oder unangemessener Höhe verpflichtet
- die Gemeinde einen angemessenen Einfluss, insbesondere in einem Überwachungsorgan erhält, und dieser durch Gesellschaftsvertrag, Satzung oder anderer Weise gesichert wird

---

[24] OVG Münster, Beschluss vom 13.08.2003, 15 B 1137/03.
[25] Vgl. Grooterhorst, Johannes 2004: 687.
[26] BVerwG, Urteil vom 22.02.1972, 39, 329, 333.

- das Unternehmen oder die Einrichtung durch Gesellschaftsvertrag, Satzung oder sonstiges Organisationsstatut auf den öffentlichen Zweck ausgerichtet wird

- bei Unternehmen und Einrichtungen in Gesellschaftsform gewährleistet ist, dass der Jahresabschluss und der Lagebericht aufgrund des Gesellschaftsvertrages, der Satzung oder in entsprechender Anwendung der Vorschriften des HGB aufgestellt und geprüft werden

- bei Unternehmen der Telekommunikation einschließlich Telefondienstleistungen die Haftung der Gemeinde auf den Anteil der Gemeinde bzw. des kommunalen Unternehmens am Stammkapital beschränkt ist

Der Begriff des wirtschaftlichen Unternehmens wird in der Gemeindeordnung nicht definiert. Es handelt sich um einen unbestimmten Rechtsbegriff. Dies könnte damit erklärt werden, dass der Gesetzgeber nicht in die Verfassungsgarantien des Artikels 28 Absatz 2 GG eingreifen wollte.

Für Cronauge et al. stellt ein kommunales Unternehmen „… eine aus der unmittelbaren Kommunalverwaltung ausgegliederte, verselbständigte Verwaltungseinheit von gewisser organisatorischer Festigkeit und Dauer zur Erfüllung einzelner bestimmter öffentlicher Aufgaben und Zwecke…" dar.[27]

Es ist der Gemeinde zum Beispiel überlassen, die Abwasserwirtschaft in der Form eines Regiebetriebes, eigenbetriebsähnlicher Einrichtung, einer Anstalt öffentlichen Rechts oder auch in privatrechtlicher Rechtsform zu betreiben.[28]

---

[27] Cronauge, Ulrich; Westermann, Georg 2006: 32.
[28] Vgl. Gemeinsamer RdErl. des IM und MURL vom 03.01.1989, MBl. NW: 83.

3 Der Regiebetrieb

Bei dem sogenannten Regiebetrieb handelt es sich um eine wirtschaftliche Tätigkeit der Gemeinde, die innerhalb der Gemeindeverwaltung ausgeübt wird. Der Regiebetrieb ist damit von allen Rechts- und Organisationsformen am stärksten in die Gemeindeverwaltung integriert.[29] Der Regiebetrieb gehört nicht zu den Unternehmen[30] und existierte schon vor den Eigenbetrieben.[31] Häufig handelt es sich um eine Abteilung der Gemeindeverwaltung. Nach außen tritt der Regiebetrieb über eine Dienststelle bzw. über das Personal der Gemeindeverwaltung in Erscheinung. Der Regiebetrieb ist nicht rechtsfähig. Die Gemeinde haftet für die Tätigkeit des Regiebetriebes.

Der Regiebetrieb wird durch Anordnung der Gemeindeorgane errichtet und bedarf keiner besonderen Form. Da der Regiebetrieb in die Gemeindeverwaltung integriert ist, verfügt der Gemeinderat über umfangreiche Einwirkungsmöglichkeiten. Dies muss jedoch nicht unbedingt von Vorteil sein, da die ehrenamtlich tätigen Gemeinderatsmitglieder sich mit einer Vielzahl von oft nicht vorhandenen rechtlichen, technischen sowie kaufmännischen Gegebenheiten auseinandersetzen müssen.[32] In der Regel handelt es sich nicht um Gewerbebetriebe, d. h. eine Eintragung in das Handelsregister gem. § 33 Absatz 1 HGB ist nicht erforderlich.

Verwendung findet der Regiebetrieb im Bereich von kommunalen Hilfsbetrieben.[33] Beispiele für Regiebetriebe sind: Friedhöfe, der Betrieb von Straßenbeleuchtungen, Straßenreinigung und Entsorgungsbetriebe.[34] Gesonderte Gründungskosten entstehen für Regiebetriebe nicht.

---

[29] Vgl. Kulosa, Marco 2003: 13.
[30] Busse-Müller, Jürgen, Zu § 1 EigVO NRW: 50.
[31] Vgl. Schraffer, Heinrich 1993: 53.
[32] Vgl. Ahmann, Verena 2009: 70.
[33] Vgl. Gaß, Andreas 2003: 33.
[34] Seibold-Freund, Sabine 2008: 19.

3.1 Wirtschaftsführung und Rechnungswesen

Gesetzlicher Vertreter des Regiebetriebes ist der Bürgermeister der Gemeinde.

Die Planansätze im Haushaltsplan werden vom Fachamt in Abstimmung mit der Kämmerei der Gemeinde bestimmt und in den kommunalen Haushalt eingestellt.

Die Buchführung des Regiebetriebes übernimmt in der Regel das Amt, in dem der Regiebetrieb angesiedelt wurde (dezentrale Buchhaltung). Die Stadtkasse ist für die Ein- und Auszahlungen des Regiebetriebes zuständig. Es gilt das 4- bzw. 6-Augenprinzip (Sollstellung von Rechnungsbeträgen durch einen Mitarbeiter, Genehmigung durch den sog. Anordnungsbefugten, Aus-/Einzahlung durch die Stadtkasse). Das Betriebsvermögen der Regiebetriebe ist nicht vom Vermögen des Kernhaushaltes abgetrennt.[35]

Regiebetriebe verfügen über kein eigenes Bankkonto. Die Ein- und Auszahlungen werden durch die Gemeindekasse über ein Bankkonto der Gemeinde abgewickelt. Da der Regiebetrieb zur Gemeindeverwaltung gehört, sind für ihn auch die Vorschriften des kommunalen Haushaltsrechtes maßgeblich (GemHVO NRW). Es gilt das Gesamtdeckungsprinzip (Erträge des Betriebes verbleiben nicht im Regiebetrieb, sondern fließen dem Kernhaushalt zu). Vorteilhaft ist die Mitfinanzierung des Regiebetriebes über den allgemeinen Haushalt. Nachteilig ist, dass die erzielten Erträge dem Regiebetrieb unter Umständen nicht mehr zur Verfügung stehen. Die Einnahmen und Ausgaben der Regiebetriebe werden Brutto im Haushaltsplan ausgewiesen (Brutto-Veranschlagung). Die Verausgabung von Mitteln ist damit an den Haushaltsplan der Gemeinde gebunden.[36] Das Vermögen des Regiebetriebes sowie Aufwendungen und Erträge, die innerhalb des Regiebetriebes entstehen, werden somit im Haushalt der Gemeinde ausgewiesen. Da das Haushaltsrecht der Gemeinden speziell

---

[35] Vgl. Kulosa, Marco 2003: 13.
[36] Vgl. Kappelmaier, Kurt 1969: 20.

auf die hoheitlichen Bestandteile der Verwaltungen zugeschnitten wurde, ist es für eine Betriebsführung eines Unternehmens nicht besonders geeignet.[37] Die Haushaltssatzung der Gemeinde ist damit auch für den Regiebetrieb maßgeblich und damit unflexibel.[38] Dies hat sich zwar mit Einführung der kommunalen Doppik in NRW ab 2009 zum großen Teil geändert, da der Regiebetrieb jedoch unmittelbar zum Haushalt der Gemeinde gehört, existiert kein eigener Jahresabschluss für den Regiebetrieb.

Fremdkapital kann die Gemeinde über Kommunal- und Kassenkredite günstig beschaffen. Da Kommunal- und Kassenkredite (§ 86 GemO NRW / § 89 Absatz 2 GemO NRW) mit einer „Null-Gewichtung" versehen sind (§ 27 Nr. 1 i. V. m. § 26 Nr. 2 SolvV, § 74 Nr. 2 SolvV), müssen die Kreditinstitute sie nicht mit Eigenkapital unterlegen. Diese bevorzugte Behandlung hat zur Folge, dass der Zinsaufwand für kommunale Kredite sehr gering ist und sich die Kommunen zinsgünstig mit Fremdkapital versorgen können. Tabelle 2 stellt die aktuellen Konditionen für Investitionskredite an Kommunen der KfW dar:

Tabelle 2: Zinssätze für KfW Investitionskredit (Programmnummer 208)[39]

Maximaler Zinssatz p. a. in Prozent: Sollzins (Effektivzins)

	Laufzeit / Tilgungsfreie Jahre / Zinsbindung				
Datum	10/2/10	20/3/10	30/5/10	20/3/20	30/5/20
02.10.2012	0,94% (0,95%)	1,41% (1,42%)	1,55% (1,56%)	2,19% (2,21%)	2,45% (2,47%)
01.10.2012	0,90% (0,90%)	1,37% (1,38%)	1,50% (1,51%)	2,14% (2,16%)	2,40% (2,42%)
28.09.2012	0,80% (0,80%)	1,28% (1,28%)	1,41% (1,42%)	2,03% (2,05%)	2,28% (2,30%)
27.09.2012	0,83% (0,83%)	1,31% (1,32%)	1,44% (1,45%)	2,06% (2,08%)	2,32% (2,34%)
26.09.2012	0,82% (0,82%)	1,31% (1,32%)	1,45% (1,46%)	2,07% (2,09%)	2,34% (2,36%)
25.09.2012	0,80% (0,80%)	1,30% (1,31%)	1,44% (1,45%)	2,08% (2,09%)	2,35% (2,37%)

---

[37] Vgl. Hauser, Werner 1987: 103.
[38] Vgl. Hauser, Werner 1987: 104.
[39] Online in Internet: „URL: http://www.kfw.de/kfw/de/Inlandsfoerderung/Programmuebersicht/IKK_-_KfW-Investitionskredit_Kommunen/Konditionen.jsp [Stand: 2.10.2012]".

Davon profitieren auch die Regiebetriebe. Kreditnehmerin ist jedoch die Gemeinde. Die Aufnahme von einzelnen Krediten bedarf der Genehmigung der Aufsichtsbehörde (§ 86 Absatz 3 GemO NRW) und eines Gemeinderatsbeschlusses (§ 41 Absatz 1 GemO NRW). Die Höhe der Kreditermächtigung wird auf kommunaler Ebene mittels der Haushaltssatzung festgelegt (§ 78 Absatz 2 Nr. 1c GemO NRW). Ergänzend wird das jeweilige Kreditinstitut eine materielle Kreditprüfung durchführen.[40]

Für größere wirtschaftliche Betätigungen der Gemeinde eignet sich die Organisationsform des Regiebetriebes nicht mehr, da die organisatorische Selbstständigkeit nicht gegeben ist[41] und der wirtschaftliche Zweck in den Hintergrund tritt.[42]

Die Buchführungsbestandteile des Regiebetriebes werden im Rahmen der örtlichen Kassenprüfung durch das Rechnungsprüfungsamt der Gemeinde geprüft. Zusätzlich findet eine überörtliche Kassenprüfung durch die Gemeindeprüfungsanstalt NRW statt.

3.2 Steuerliche Rahmenbedingungen

Da die kommunalen Unternehmen mit ihrer wirtschaftlichen Tätigkeit als Konkurrenten auf dem Markt auftreten, ist die Besteuerung dieser Unternehmen aus der Sicht der privatwirtschaftlichen Wettbewerber elementar wichtig.[43] Unbeschränkt körperschaftsteuerpflichtig sind gemäß § 1 Absatz 1 Nr. 6 KStG auch die Betriebe gewerblicher Art von juristischen Personen des öffentlichen Rechts.

Nach § 1 Absatz 1 Nr. 6 KStG sollen im Grundsatz alle Einrichtungen der öffentlichen Hand der Körperschaftsteuer unterworfen werden, die das äußere Bild eines Gewerbebetriebes haben.[44]

---

[40] Vgl. Goedecke, Wolfgang; Kerl, Volkher 1990: 155.
[41] Vgl. Schraffer, Heinrich 1993: 55.
[42] Vgl. Kappelmaier, Kurt 1969: 21.
[43] Vgl. Steffen, Urban 2001: 11.
[44] H 6 KStR 2004; BFH, Urteil vom 22.09.1976, I R 102/74.

Nach § 1 Absatz 2 KStG erstreckt sich die unbeschränkte Körperschaft-steuerpflicht auf sämtliche Einkünfte. Betriebe gewerblicher Art von juristischen Personen des öffentlichen Rechts im Sinne des § 1 Absatz 1 Nr. 6 KStG sind alle Einrichtungen, die einer nachhaltigen wirtschaftlichen Tätigkeit zur Erzielung von Einnahmen außerhalb der Land- und Forstwirtschaft dienen und die sich innerhalb der Gesamtbetätigung der juristischen Person wirtschaftlich herausheben. Die Absicht, Gewinn zu erzielen, und die Beteiligung am allgemeinen wirtschaftlichen Verkehr sind nicht erforderlich (§ 4 Absatz 1 KStG).

Eine Einrichtung ist jede funktionelle Einheit, die einer Erzielung von Einnahmen dient. Dabei muss es sich nicht um eine verselbständigte Abteilung oder Ähnliches handeln. Es genügen auch nichtorganisatorische Merkmale, die auf eine wirtschaftliche Tätigkeit hindeuten (H 6 „Einrichtung" KStH). Nach der Auffassung der Finanzverwaltung liegt ein wichtiges Merkmal für die wirtschaftliche Selbständigkeit vor, wenn die Nettoeinnahmen den Betrag von 130.000 Euro jährlich überschreiten (R 6 Absatz 4 Satz 2 KStR).

Wirtschaftlich herausgehoben ist die Tätigkeit, wenn ein nachhaltiger Nettojahresumsatz größer als 30.678 Euro vorliegt (R 6 Absatz 5 Satz 1 KStR).

Eine Einrichtung kann an einer besonderen Leistung, in einem geschlossenen Geschäftskreis, in der Buchführung oder an ähnlichen Merkmalen erkennbar sein.[45]

Die Rechtsfähigkeit juristischer Personen des öffentlichen Rechts wird aus dem Bundes- bzw. Landesrecht abgeleitet.[46] Ist nicht sicher, ob es sich um eine Körperschaft des öffentlichen oder privaten Rechts handelt, so kann die Entscheidung einer zuständigen Landesbehörde auch für die

---

[45] BFH, Urteil vom 26.05.1977, V R 15/74.
[46] BFH, Urteil vom 08.07.1971, V R 1/68.

Besteuerung zu Grunde gelegt werden. Eine Bindungswirkung besteht jedoch nicht.[47] Ein Betrieb gewerblicher Art ist auch unbeschränkt steuerpflichtig, wenn er selbst eine juristische Person des öffentlichen Rechts ist (§ 4 Abs. 2 KStG). Der Begriff Betrieb gewerblicher Art ist ein rein steuerrechtlicher Begriff[48], außerhalb des Steuerrechts wird der Begriff nicht verwendet.[49]

Bei der Ausübung von hoheitlichen Tätigkeiten liegt ein nicht steuerpflichtiger Hoheitsbetrieb vor (§ 4 Absatz 5 KStG). Zu den Betrieben gewerblicher Art gehören auch Betriebe, die der Versorgung der Bevölkerung mit Wasser, Gas, Elektrizität oder Wärme, dem öffentlichen Verkehr oder dem Hafenbetrieb dienen (§ 4 Absatz 3 KStG). Zu den Betrieben gewerblicher Art gehören nicht die Hoheitsbetriebe, die überwiegend der Ausübung öffentlicher Gewalt dienen.[50]

Die Gemeinde ist selbst das Körperschaftsteuersubjekt mit jedem einzelnen Betrieb gewerblicher Art.[51] Das körperschaftsteuerliche Einkommen ist jedoch für jeden einzelnen Betrieb gewerblicher Art separat zu ermitteln. Vereinbarungen zwischen Gemeinde und Betrieb gewerblicher Art werden anerkannt, obwohl der Betrieb gewerblicher Art kein Rechtssubjekt darstellt.[52]

Ein Betrieb gewerblicher Art kann mit einem oder mehreren anderen Betrieben gewerblicher Art zusammengefasst werden, wenn sie gleichartig sind, zwischen ihnen nach dem Gesamtbild der tatsächlichen Verhältnisse objektiv eine enge, wechselseitige, technisch-wirtschaftliche Verflechtung von einigem Gewicht besteht oder Betriebe gewerblicher Art im Sinne des § 4 Absatz 3 KStG vorliegen.[53] Ein Betrieb gewerblicher Art kann nicht mit

---

[47] BFH, Urteil vom 29.01.2003, I R 106/00.
[48] Vgl. Hauser, Werner 1987: 131.
[49] Vgl. Steffen, Urban 2001: 15.
[50] BFH, Urteil vom 23.10.1996, I R 1-2/94.
[51] BFH, Urteil vom 13.03.1974, I R 7/71; BFH, Urteil vom 09.07.2003, I R 48/02.
[52] BFH, Urteil vom 09.07.2003, I R 48/02.
[53] R 7 KStR 2004.

einem Hoheitsbetrieb zusammengefasst werden (§ 4 Absatz 6 Satz 2 KStG).

Die juristischen Personen des öffentlichen Rechts sind nur im Rahmen ihrer Betriebe gewerblicher Art (§ 1 Absatz 1 Nr. 6, § 4 des Körperschaftsteuergesetzes) und ihrer land- oder forstwirtschaftlichen Betriebe gewerblich oder beruflich tätig.

Zu den BgA gehören nicht hoheitliche Tätigkeiten und auch nicht Betriebe, die überwiegend der Ausübung öffentlicher Gewalt dienen, sofern sich die hoheitliche und die wirtschaftliche Tätigkeit nicht trennen lässt (§ 4 Absatz 5 Satz 1 KStG). Eine hoheitliche Tätigkeit ist eine Tätigkeit, die der öffentlich-rechtlichen Körperschaft Kommune eigentümlich und vorbehalten ist (R 9 KStR 2004). Kennzeichnend dafür ist die Erfüllung spezifisch öffentlich-rechtlicher Aufgaben, die aus der Staatsgewalt abgeleitet sind, staatlichen Zwecken dienen und zu deren Annahme der Leistungsempfänger aufgrund gesetzlicher oder behördlicher Anordnung verpflichtet ist. [54] Eine Ausübung öffentlicher Gewalt ist allerdings insoweit ausgeschlossen, als sich die Körperschaft durch ihre Einrichtungen in den allgemeinen wirtschaftlichen Verkehr einschaltet und eine Tätigkeit ausübt, die sich ihrem Inhalt nach von der Tätigkeit eines privaten gewerblichen Unternehmens nicht wesentlich unterscheidet. Dann bewegt sich auch die juristische Person des öffentlichen Rechts in Bereichen der unternehmerischen Berufs- und Gewerbeausübung, in denen private Unternehmen durch den Wettbewerb mit (grundsätzlich nicht steuerpflichtigen) Körperschaften des öffentlichen Rechts ihrerseits nicht benachteiligt werden dürfen.[55]

Erst vor kurzem erging ein Urteil des BFH, in dem kommunale Kindergärten als nicht hoheitlich und demzufolge als Betrieb gewerblicher Art eingestuft wurden.[56] Nach dem Urteil kommt es allein darauf an, ob die Aufga-

---

[54] BFH, Urteil vom 07.11. 2007, I R 52/06; BFH, Urteil vom 25.01.2005, I R 63/03; BFH, Urteil vom 29.10 2008, I R 51/07.
[55] Senatsurteil in BFHE 209, 195, BStBl II 2005, 501.
[56] BFH, Urteil vom 12.07.2012, I R 106/10.

benerfüllung einem öffentlichen Leistungserbringer eigentümlich ist oder ob die Leistungen auch in einem wirtschaftlichen Wettbewerb erbracht werden können. Somit sind kommunale Kindergärten als körperschaftsteuerpflichtige BgA zu behandeln.

Nach § 5 Absatz 1 Nr. 9 KStG: sind BgA von der Körperschaftsteuer befreit, wenn sie ausschließlich und unmittelbar gemeinnützig, mildtätig sind oder kirchlichen Zwecken dienen (§§ 51 bis 68 AO) und kein wirtschaftlicher Geschäftsbetrieb unterhalten wird. Im Bereich der Gemeinden gelten in der Regel Steuerbefreiungen für Krankenhäuser (§ 67 AO), Alten- und Pflegeheime, Kindertagesstätten, Museen, Theater und Volkshochschulen (§ 68 AO).

Das Bundesministerium der Finanzen hat das in Abbildung 2 dargestellte Prüfschema entwickelt, mit dem sich prüfen lässt, ob eine Gemeinde eine hoheitliche Tätigkeit oder eine wirtschaftliche Tätigkeit in Form eines Betriebes gewerblicher Art ausübt.

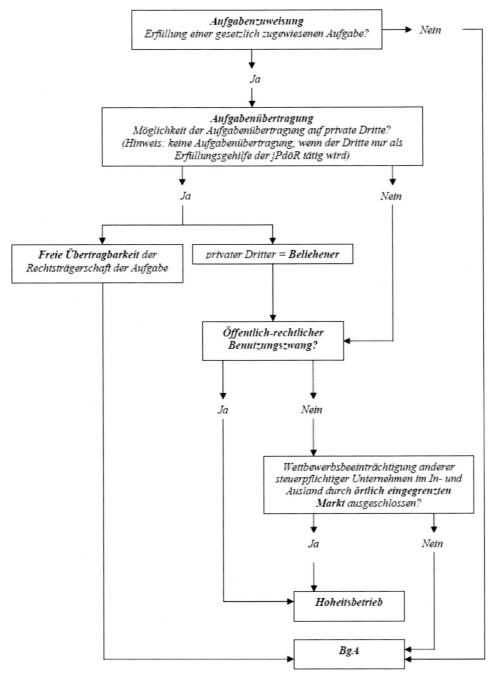

Abbildung 2: Prüfschema hoheitliche (vorbehaltene) Tätigkeiten[57]

---

[57] Prüfschema hoheitliche (vorbehaltene) Tätigkeit gem. BMF-Schreiben vom 11.12.2009 (BStBl I 2009, 1597).

Unterschieden werden die wirtschaftliche, hoheitliche und vermögensver-
waltende Tätigkeit von Gemeinden. Abbildung 3 stellt die Zusammenhänge grafisch dar.

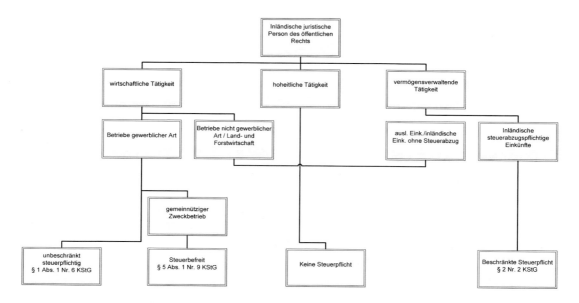

Abbildung 3: Sphären der juristischen Person öffentlichen Rechts[58]

Die Gemeinde ist umsatzsteuerrechtlich Unternehmer und gibt für alle Betriebe gewerblicher Art eine gemeinsame Umsatzsteuererklärung ab. Gemäß § 2 Absatz 2 Nr. UStG handelt es sich um eine umsatzsteuerliche
Organschaft.

Unternehmen von juristischen Personen des öffentlichen Rechts sind gewerbesteuerpflichtig, wenn sie als stehende Gewerbebetriebe anzusehen
sind. Für den Umfang des Unternehmens ist § 4 Absatz 6 Satz 1 des Körperschaftsteuergesetzes entsprechend anzuwenden. Das gilt auch für Unternehmen, die der Versorgung der Bevölkerung mit Wasser, Gas, Elektrizität oder Wärme, dem öffentlichen Verkehr oder dem Hafenbetrieb dienen (§ 2 Absatz 1 GewStDV). Unternehmen von juristischen Personen
des öffentlichen Rechts, die überwiegend der Ausübung der öffentlichen
Gewalt dienen (Hoheitsbetriebe), gehören nach § 2 Absatz 1 Satz 2

---

[58] O. V. 2012: 21.

GewStDV nicht zu den Gewerbebetrieben. Für die Annahme eines Hoheitsbetriebes reichen Zwangs- oder Monopolrechte nicht aus.

Der im Gewerbesteuergesetz verwendete Begriff des Gewerbebetriebes ist nicht identisch mit dem Begriff des Betriebes gewerblicher Art im Körperschaftsteuergesetz.[59] Es handelt sich hierbei um einen funktional ausgerichteten Begriff, um die wirtschaftliche Betätigung der juristischen Personen des öffentlichen Rechts steuerlich zu erfassen.[60]

Gemäß R 2.1 (1) GewStR 2009 ist unter einem Gewerbebetrieb ein gewerbliches Unternehmen im Sinne des § 15 Absatz 2 EStG zu verstehen. Voraussetzungen sind demzufolge:

- Selbständigkeit der Betätigung R 15.1 EStR 2008 und H 15.1 EStH 2008
- Nachhaltigkeit der Betätigung H 15.2 EStH 2008
- Absicht der Gewinnerzielung H 15.3 EStH 2008, H 15.8 (5) EStH 2008
- Beteiligung am allgemeinen wirtschaftlichen Verkehr H 15.4 EStH 2008.

Zu beachten ist, dass die steuerrechtlichen Regelungen des EStG sowie des KStG denen der EigVO NRW vorgehen.[61]

Für die Prüfung, ob ein Betrieb gewerblicher Art vorliegt, wurde von der OFD Münster das in Abbildung 4 enthaltene Schema entwickelt.

---

[59] Vgl. Hauser, Werner 1987, S. 149; Vgl. Steffen, Urban 2001: 12.
[60] Vgl. Steffen, Urban 2001: 25.
[61] BFH, Urteil vom vom 27.4.2000, I R 12/98.

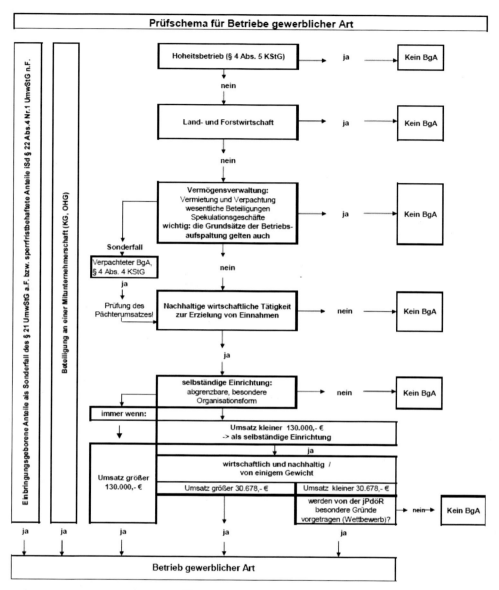

Abbildung 4: Prüfschema BgA[62]

---

[62] Besteuerung der juristischen Personen des öffentlichen Rechts –Arbeitshilfe-, OFD Münster, 2012: 37.

3.3 Umwandlungsmöglichkeiten

In der Vergangenheit wurden Regiebetriebe häufig in Eigenbetriebe und in Gesellschaften mit beschränkter Haftung umgewandelt. Statistische Daten hierzu sind nicht verfügbar.[63]

Für die Umwandlung eines Regiebetriebes in einen Eigenbetrieb ist lediglich ein Ratsbeschluss des Gemeinderates erforderlich. Bei beiden Organisationsformen handelt es sich um nicht selbständige Unternehmen.

Regiebetriebe können gemäß § 114a GO NRW i. V. m. § 7 Absatz 1 KUV NRW in ein Kommunalunternehmen umgewandelt werden. Hierzu ist ein Beschluss des Gemeinderates notwendig.[64] Vor der Umwandlung eines Regiebetriebes in ein Kommunalunternehmen ist eine Eröffnungsbilanz gemäß den für alle Kaufleute geltenden Vorschriften des Handelsgesetzbuchs (§ 7 Absatz 1 KUV NRW i. V. m. § 242 HGB) aufzustellen. Bei der Errichtung eines Kommunalunternehmens durch Ausgliederung von Vermögen und Schulden aus dem Haushalt der Gemeinde sind deren Gegenstand und Wert in der Unternehmenssatzung festzusetzen. Gleichzeitig sind in einem Ausgliederungsbericht die für die Angemessenheit der Einbringung wesentlichen Umstände darzulegen (§ 7 Absatz 2 KUV NRW).

Regiebetriebe können gemäß §§ 124 Absatz 1, 168 ff. UmwG in eine Kapitalgesellschaft umgewandelt werden. Dabei handelt es sich um eine Ausgliederung. Bei der Ausgliederung handelt es sich um einen Unterfall der Spaltung.[65]

---

[63] Vgl. Landerer, Christoph; Röhricht, Dietmar 1991: 102.
[64] Vgl. Lübbecke, Barbara 2004: 15-16.
[65] Vgl. Steuck, Jens Peter 1995, 2887.

4 Der Eigenbetrieb

Der kommunale Eigenbetrieb (§ 1 EigVO NRW i. V. m. § 114 GemO NRW) ist ein wirtschaftliches Unternehmen ohne Rechtspersönlichkeit und „… ist die gemeindetypische und gemeindespezifische öffentlich-rechtliche Organisationsform für die wirtschaftlichen Unternehmen einer Kommune …".[66] Der Eigenbetrieb verfügt über eine gewisse Unabhängigkeit und Selbstständigkeit gegenüber der Gemeinde.[67] Rechtsgrundlagen für die Eigenbetriebe sind die Gemeindeordnung NRW, die Eigenbetriebsverordnung NRW sowie die Betriebssatzung des Eigenbetriebes. Der Eigenbetrieb als Organisationsform findet auch Einsatz bei nicht wirtschaftlichen Unternehmen, sog. Hoheitsbetrieben.[68]

Der Eigenbetrieb stellt Sondervermögen der Gemeinde dar (§ 9 Absatz 1 EigVO NRW). Die Organisationsform Eigenbetrieb findet Anwendung bei der Erfüllung von wirtschaftlichen, kulturellen, sozialen öffentlichen Aufgaben, Bauhöfe, Abwasserver- und entsorgung, Abfallwirtschaft, Verkehrsbetriebe, Einrichtungen mit kulturellen Zwecken, Altenheime und Krankenhäuser.[69]

Zivilrechtliche Klagen, die sich gegen den Eigenbetrieb richten, sind gegen die Gemeinden zu erheben, da der Eigenbetrieb aufgrund der fehlenden Rechtsfähigkeit nicht parteifähig ist.

In NRW können die Kommunen auch für nichtwirtschaftliche Einrichtungen (Hoheitsbetriebe) die Organisationsform des Eigenbetriebes wählen (§ 107 Absatz 2 Satz 2 GO NRW).

---

[66] Cronauge, Ulrich; Westermann, Georg 2006: 89.
[67] Vgl. Cronauge, Ulrich; Westermann, Georg 2006: 89.
[68] Vgl. Cronauge, Ulrich; Westermann, Georg 2006: 89.
[69] Vgl. Seibold-Freund, Sabine 2008: 21.

Die Organisationsform des Eigenbetriebs eignet sich nicht für die interkommunale Zusammenarbeit, da lediglich eine einzelne Gemeinde Eigen-
tümerin des Sondervermögens ist.[70]

4.1   Gründung des Eigenbetriebes

Der Eigenbetrieb kann durch Ausgliederung von Vermögen und Schulden
aus dem Haushalt der Gemeinde gebildet werden. Gegenstand und Wert
sind in der Betriebssatzung festzulegen. Es ist ein Ausgliederungsbericht
zu erstellen. In diesem sind die für die Angemessenheit der Einbringung
wesentlichen Umstände darzulegen. Eine Eröffnungsbilanz ist aufzustellen
und zu prüfen. Die Prüfung obliegt der Gemeindeprüfungsanstalt, die hierzu einen Wirtschaftsprüfer beauftragt (§ 9 EigVO i. V. m. § 106 Absatz 2
GO NRW).

Die Versorgungsbetriebe einer Gemeinde sollen, wenn sie Eigenbetriebe
sind, zu einem Eigenbetrieb zusammengefasst werden. Das Gleiche gilt
für Verkehrsbetriebe (§ 8 EigVO NRW). Diese Zusammenfassungen werden als kommunaler Querverbund bezeichnet.[71]

Seit 1. Juli 1998 sind nach § 33 Absatz 1 HGB in Verbindung mit § 1 Absatz 2 HGB Eigenbetriebe von den Betriebsleitungen in das Handelsregister eintragen zu lassen, wenn es sich um Gewerbebetriebe handelt. Betroffen sind im Wesentlichen die kommunalen Energie- und Versorgungs-
unternehmen, wenn sie in der Organisationsform des Eigenbetriebes betrieben werden. Fehlt die Gewinnerzielungsabsicht, können die Unternehmen nicht eingetragen werden. Unternehmen, die nach der bis zum 1.
Juli 1998 geltenden Fassung nicht in das Handelsregister eingetragen zu
werden brauchten, waren bis zum 31. März 2000 anzumelden[72]. Die Beschlüsse zur Bestellung der Betriebsleitung und die Betriebssatzung sind

---

[70] Vgl. Eichhorn, Peter 1969: 57.
[71] Cronauge, Ulrich; Westermann, Georg 2006: 103.
[72] Art. 3 Nr. 18 des Handelsreformgesetz HRefG, BGBl 1998: 1474.

in öffentlich beglaubigter Abschrift (§ 12 HGB) beizufügen (§ 33 Absatz 2 HGB). Bis heute sind die wenigsten Eigenbetriebe von den Gemeinden in das Handelsregister eingetragen worden. Kornblum geht davon aus, dass im Wesentlichen „… Unkenntnis und/oder Nachlässigkeit [dafür] ursächlich sind."[73] Bislang sind nach einer Untersuchung von Kornblum nur ca. 650 Regie- und Eigenbetriebe in das Handelsregister eingetragen worden.[74]

Gründungskosten entstehen für den Eigenbetrieb nicht. Laufende Kosten dieser Organisationsform können bei der Erstellung des Jahresabschlusses durch Steuerberater bzw. für die Prüfung des Jahresabschlusses durch Wirtschaftsprüfer entstehen. Notarielle Beurkundungen sind bei der Gründung von Eigenbetrieben nicht erforderlich.

4.2   Organe des Eigenbetriebes

Der Eigenbetrieb verfügt über die Organe: Betriebsleitung, Bürgermeister, Betriebsausschuss, Gemeinderat (da der Gemeinderat für den Eigenbetrieb zuständig ist) und Kämmerer. Die Organe handeln nicht für den Eigenbetrieb, sondern vertreten die Gemeinde in den eigenbetrieblichen Angelegenheiten.

4.2.1 Betriebsleitung

Gemäß § 2 Absatz 1 EigVO NRW wird der Eigenbetrieb von der Betriebsleitung selbstständig geleitet, soweit nicht durch die Gemeindeordnung, die EigVO NRW oder die Betriebssatzung etwas anderes bestimmt ist. Die Betriebsleitung ist für die wirtschaftliche Führung des Eigenbetriebes verantwortlich und hat die Sorgfalt eines ordentlichen und gewissenhaften Geschäftsleiters anzuwenden. Für Schäden haftet die Betriebsleitung entsprechend den Vorschriften des § 48 des Beamtenstatusgesetzes und § 81 des Landesbeamtengesetztes. Nach § 3 Absatz 1 EigVO NRW ver-

---

[73] Kornblum, Udo 2012: 21.
[74] Kornblum, Udo 2012: 21.

tritt die Betriebsleitung in Angelegenheiten des Eigenbetriebes die Gemeinde, sofern die Gemeindeordnung oder die EigVO NRW keine andere Regelung treffen. Die selbstständige Leitung von Eigenbetrieben wird jedoch durch Gemeinderat bzw. Betriebsausschuss stark eingeschränkt.[75] Der Bürgermeister kann der Betriebsleitung im Interesse der Einheitlichkeit der Verwaltungsführung Weisungen erteilen (§ 6 Absatz 2 EigVO NRW). Dies gilt jedoch nicht für die Angelegenheiten der laufenden Betriebsführung (§ 6 Absatz 2 EigVO NRW). Bei Streitigkeiten zwischen Bürgermeister und Betriebsleitung hat sich die Betriebsleitung an den Betriebsausschuss zu wenden. Wird keine Übereinstimmung erzielt, so ist die Entscheidung des Hauptausschusses herbeizuführen. Kappelmaier sieht in der lokal orientierten Regelung der Betriebsleitung eine „… mißverstandene Freiheit kommunaler Selbstverwaltung…".[76]

4.2.2 Betriebsausschuss

Der Betriebsausschuss ist vom Gemeinderat zu bilden. Es kann auch ein gemeinsamer Betriebsausschuss für mehrere Eigenbetriebe gebildet werden (§ 5 Absatz 1 EigVO NRW). An den Beratungen des Betriebsausschusses nimmt die Betriebsleitung teil. Sie ist berechtigt und auf Verlangen verpflichtet, ihre Ansicht zu einem Punkt der Tagesordnung darzulegen. Der Betriebsausschuss berät die Beschlüsse des des Rates vor (§ 5 Absatz 4 EigVO NRW).

Gemäß § 5 Absatz 5 EigVO NRW übernimmt der Betriebsausschuss folgende Aufgaben:

- Festsetzung der allgemeinen Lieferbedingungen
- Zustimmung zu erfolgsgefährdenden Mehraufwendungen und zu Mehrauszahlungen

---

[75] Vgl. Kappelmaier, Kurt 1969: 83.
[76] Kappelmaier, Kurt 1969: 84.

- Vorschlag einer Wirtschaftsprüferin oder eines Wirtschaftsprüfers bzw. Wirtschaftsprüfungsgesellschaft gegenüber der Gemeindeprüfungsanstalt NRW für den Jahresabschluss
- Entscheidung über die Entlastung der Betriebsleitung

Damit kommen dem Betriebsausschuss nur wenige Aufgaben zu. Weitere Aufgaben können über die Betriebssatzung zugewiesen werden.[77] Gemäß § 58 Absatz 3 GO NRW können auch sachkundige Bürger Mitglied eines Betriebsausschusses sein. Über diese Regelung ist es möglich, zusätzliche Kompetenz in den Betriebsausschuss zu holen. Werden die Aufgaben jedoch vom Haupt- und Finanzausschuss der Gemeinde wahrgenommen, so ist die Besetzung dieses Ausschusses mit sachkundigen Bürgern nicht möglich (§ 58 Absatz 3 Satz 1 GO NRW i. V. m. § 59 GO NRW).

4.2.3 Bürgermeister

Der Bürgermeister ist der Dienstvorgesetzte der Bediensteten des Eigenbetriebes (§ 6 Absatz 1 EigVO NRW). Der Bürgermeister kann von der Betriebsleitung des Eigenbetriebes Auskünfte verlangen und der Betriebsleitung im Interesse der Einheitlichkeit der Verwaltungsführung Weisungen erteilen (§ 6 Absatz 2 EigVO NRW). Die Weisungsmöglichkeiten gelten jedoch nicht für die Angelegenheiten der laufenden Betriebsführung, die ausschließlich der Betriebsleitung unterliegen.

4.2.4 Kämmerer

Die Betriebsleitung des Eigenbetriebes hat dem Kämmerer der Gemeinde den Entwurf des Wirtschaftsplanes und des Jahresabschlusses, die Zwischenberichte, die Ergebnisse der Betriebsstatistik und die Kostenrechnungen zuzuleiten (§ 7 EigVO NRW). Auf Anforderung hat die Betriebsleitung auch alle sonstigen finanzwirtschaftlichen Auskünfte zu erteilen. Der Kämmerer der Gemeinde möchte im Wesentlichen die Ablieferung von

---

[77] Vgl. Hauser, Werner 1987: 36.

Gewinnen an den kommunalen Haushalt erreichen. Dies kann auf Dauer die Substanz des Betriebes mindern.[78]

4.2.5 Gemeinderat

Der Gemeinderat entscheidet gemäß § 4 EigVO NRW über die Angelegenheiten, die er nach der Gemeindeordnung nicht übertragen kann und über

- die Bestellung und die Abberufung der Betriebsleitung
- die Feststellung und Änderung des Wirtschaftsplans
- die Feststellung des Jahresabschlusses, die Verwendung des Jahresgewinns oder die Behandlung eines Jahresverlustes und die Entlastung des Betriebsausschusses
- die Rückzahlung von Eigenkapital an die Gemeinde

Der Gemeinderat ist die gewählte Vertretung der Gemeindebürger. Der Bürger erwartet daher vom Gemeinderat, dass er auch seine Interessen in Bezug auf die Eigenbetriebe vertritt. Hieraus können vielfältige Interessenkonflikte resultieren. Dazu kommt, dass sich durch Kommunalwahlen die Mehrheitsverhältnisse im Rat ändern können und dadurch auch Veränderungen für die Eigenbetriebe entstehen können.

4.3 Wirtschaftsführung und Rechnungswesen

Im Haushalt der Gemeinde wird lediglich der Gewinn bzw. Verlust des Eigenbetriebes dargestellt (Nettoprinzip). Der Eigenbetrieb verfügt über eine eigene Buchführung. Nach § 10 Absatz 1 EigVO NRW ist ein Risikomanagementsystem für den Eigenbetrieb einzurichten, das der Risikofrüherkennung dienen soll. Die Regelung ist umfassender formuliert als in § 91 des Aktiengesetzes. Der Gesetzgeber geht im Detail auf die Komponenten des Überwachungssystems ein. Hierzu gehören:

---

[78] Vgl. Kappelmaier, Kurt 1969: 73.

- Risikoidentifikation
- Risikobewertung
- Maßnahmen der Risikobewältigung einschließlich der Risikokommunikation
- Risikoüberwachung/Risikofortschreibung und
- Dokumentation

Es ist zu vermuten, dass die Eigenbetriebe die Aufgabe, ein Risikomanagementsystem einzuführen, nur mit geringem Nachdruck verfolgen. Bei fehlendem Risikomanagementsystem liegt jedoch ein hohes Haftungsrisiko bei Betriebsleitung sowie den Aufsichtsorganen.

Grundlage für ein Risikomanagementsystem ist ein Controlling, eine gut organisierte Finanzbuchhaltung sowie eine Kosten- und Leistungsrechnung.

Das Wirtschaftsjahr des Eigenbetriebes ist das Kalenderjahr (§ 12 EigVO NRW). Hiervon kann jedoch in der Betriebssatzung abgewichen werden.

Spätestens einen Monat vor Beginn eines jeden Wirtschaftsjahres hat der Eigenbetrieb einen Wirtschaftsplan aufzustellen (§ 14 Absatz 1 EigVO NRW). Bestandteile des Wirtschaftsplanes sind Erfolgsplan (Erträge und Aufwendungen), Vermögensplan und eine Stellenübersicht.

Die Buchführung des Eigenbetriebes ist nach den Regeln der kaufmännischen doppelten Buchführung zu führen und muss den Grundsätzen der handelsrechtlichen Rechnungslegung oder den für das Neue Kommunale Finanzmanagement (NKF) geltenden Grundsätzen entsprechen (§ 19 Absatz 1 EigVO NRW).[79] Hier besteht gemäß § 27 EigVO NRW ein Wahlrecht zwischen kaufmännischer Buchführung nach HGB oder nach den Vorschriften der Gemeindehaushaltsverordnung NRW.

---

[79] Die Umstellung auf die Doppik (NKF) erfolgte in NRW bis spätestens zum Jahr 2009.

Eine Kosten- und Leistungsrechnung soll eingerichtet werden (§ 19 Absatz 3 EigVO NRW).

Am Ende eines Wirtschaftsjahres ist ein Jahresabschluss aufzustellen, der aus der Bilanz, Gewinn- und Verlustrechnung und einem Anhang besteht (§ 21 EigVO NRW), dabei sind die allgemeinen Vorschriften, die Ansatzvorschriften, die Vorschriften über Bilanz und die Gewinn- und Verlustrechnung, die Bewertungsvorschriften und die Vorschriften über den Anhang für den Jahresabschluss der großen Kapitalgesellschaften des HGB sinngemäß anzuwenden, soweit sich aus den Vorschriften der EigVO NRW nichts anderes ergibt.

Der Gemeinderat ist für die Feststellung des Jahresabschlusses und den Lagebericht zuständig. Darüber hinaus beschließt er über die Verwendung des Jahresgewinns oder die Behandlung eines Jahresverlustes (§ 26 Absatz 2 EigVO NRW). Ein Jahresgewinn ist ggf. an den Kernhaushalt der Gemeinde abzuführen und gehört damit zu den Deckungsmitteln des Gemeindehaushaltes.

Bei den Forderungen des Eigenbetriebes handelt es sich in der Regel um privatrechtliche Forderungen, die zivilrechtlich gemahnt werden müssen. Sollten öffentlich-rechtliche Forderungen aufgrund einer Satzung vereinnahmt werden, so ist öffentlich-rechtlich zu mahnen und zu vollstrecken (zuständig ist die Gemeindekasse).

Nach § 106 GO NRW sind der Jahresabschluss und der Lagebericht der Eigenbetriebe zu prüfen. Die Prüfung umfasst auch:

- die Buchführung und die
- Einhaltung gesetzlicher Vorschriften, ergänzende Satzungen sowie die Beachtung, ob ortsrechtliche Bestimmungen eingehalten wurden.

Ferner ist gem. § 106 Absatz 1 GO NRW i. V. m. § 53 Absatz 1 Nr. 1 und 2 des HGrG im Rahmen der Jahresabschlussprüfung in entsprechender Anwendung die Ordnungsmäßigkeit der Geschäftsführung zu prüfen und über die wirtschaftlich bedeutsamen Sachverhalte zu berichten.[80] Die Kosten der Jahresabschlussprüfung trägt der Eigenbetrieb. Eine Befreiung von der Jahresabschlussprüfung ist zulässig, kann jedoch befristet und mit Auflagen verbunden werden. Die Jahresabschlussprüfung obliegt der Gemeindeprüfungsanstalt NRW.

Der Jahresabschluss, die Verwendung des Jahresgewinns oder die Behandlung des Jahresverlustes sowie das Ergebnis der Prüfung des Jahresabschlusses und des Lageberichts sind öffentlich bekanntzumachen (§ 26 Absatz 3 EigVO NRW).

Die Eigenbetriebe verfügen häufig nicht über eigene Bankkonten. Der Zahlungsverkehr wird über die Gemeindekasse abgewickelt. Für den Eigenbetrieb getätigte Auszahlungen stellen Verbindlichkeiten gegenüber der Gemeinde dar, die marktüblich zu verzinsen sind.[81]

Im Zusammenhang mit dem Eigenbetrieb existieren eine Vielzahl von Interessengruppen: Bürger der Gemeinde, Gemeinderat, Gemeindeverwaltung, Kunden, Lieferanten, Belegschaft und Finanzverwaltung. Bei diesen Interessengruppen bestehen wechselseitige Verbindungen. Daraus resultieren die unterschiedlichsten Interessenkonflikte, die die Betriebsleitung eines Eigenbetriebes lösen muss. So sind die Gemeinderatsmitglieder und auch die Belegschaft der Eigenbetriebe selbst oft Kunden des jeweiligen Eigenbetriebes.[82] Da die Kunden die Leistungen des Eigenbetriebes zu einem möglichst geringen Preis erhalten möchten, wird die wirtschaftliche Situation der Eigenbetriebe nicht immer ausreichend betrachtet. Gewinne des Eigenbetriebes fließen bei Ausschüttung der Gemeinde zu und sind

---

[80] Siehe hierzu auch die Grundsätze für die Prüfung von Unternehmen nach § 53 Haushaltsgrundsätzegesetz VV zu § 68 LHO NRW; IDW PS 720.
[81] Busse-Müller, Jürgen, Zu § 9 EigVO NRW: 122.
[82] Vgl. Kappelmeier, Kurt 1969: 60.

Bestandteil des kommunalen Haushaltes. Nachhaltige Verluste müssen über den Gemeindehaushalt abgedeckt werden.[83] Um wirtschaftlich erfolgreich tätig sein zu können, ist flexibles Handeln sowie konstruktives und fachliches Denken erforderlich.[84] Politisch motivierte Handlungen können zu unwirtschaftlichem Verhalten führen. Umfangreiche Verflechtungen mit der Gemeindeverwaltung bzw. dem Gemeinderat führen im kommunalen Bereich immer wieder zu Problemen. Den Gemeinderäten fehlt in der Praxis oft das erforderliche betriebswirtschaftliche Wissen; insbesondere wenn die Eigenbetriebe Betriebsgrößen erreichen bei denen die wirtschaftlichen Zusammenhänge nicht mehr ohne weiteres durchschaubar sind. Schwierigkeiten können sich auch durch eine Abhängigkeit des Gemeinderates von der Betriebsleitung des Eigenbetriebes ergeben. Komplexe Entscheidungen, die im Gemeinderat gefällt werden, können von der Betriebsleitung beeinflusst werden. Äußert die Betriebsleitung bspw., dass bei Ablehnung eines Beschlusses der Eigenbetrieb gefährdet sei, hat der Gemeinderat oft keine andere Wahl, als dem Beschluss zuzustimmen.[85] Aufgrund derartiger Interessenkonflikte hat der Gesetzgeber die unabhängige Prüfung der Jahresabschlüsse durch Wirtschaftsprüfer vorgesehen.

Dem Eigenbetrieb können zinsgünstig Kommunalkredite über die Kernverwaltung zur Verfügung gestellt werden.[86]

4.4 Steuerliche Rahmenbedingungen

Die laufende Besteuerung von Eigenbetrieben richtet sich danach, ob die Betätigung des Eigenbetriebes als Betrieb gewerblicher Art oder als Hoheitsbetrieb einzustufen ist.

---

[83] Vgl. Kappelmeier, Kurt 1969: 61.
[84] Kappelmaier, Kurt 1969: 70.
[85] Vgl. Kappelmeier, Kurt 1969: 71.
[86] Siehe hierzu die Ausführungen in Abschnitt 3.1 bezgl. Kommunalkredite.

Körperschaftsteuerlich ist der Eigenbetrieb trotz fehlender Rechtsfähigkeit selbständiges Steuersubjekt, sofern ein Betrieb gewerblicher Art vorliegt.

Hinsichtlich der Körperschaftsteuerpflicht von Eigenbetrieben wird auf die Ausführungen im Unterabschnitt 3.2 verwiesen, da die dort beschriebenen Regelungen auch für die Eigenbetriebe Gültigkeit haben.

Umsatzsteuerpflichtig sind die Eigenbetriebe nach § 2 Abs. 3 UStG nur, wenn ein Betrieb gewerblicher Art vorliegt. Der Eigenbetrieb ist nicht selbständiges Steuersubjekt, sondern die Gemeinde als Unternehmer.

Über die Zusammenfassung von Betrieben gewerblicher Art können steuerliche Vorteile erzielt werden. Dies lässt sich durch die Saldierung der Gewinne bzw. Verluste der einzelnen Betriebe erzielen. Dabei ist eine Zusammenfassung jedoch nicht unbeschränkt möglich. Die Zusammenfassung wird steuerrechtlich nur anerkannt, wenn die Betriebe gleichartig sind oder wenn zwischen diesen Betrieben nach dem Gesamtbild der tatsächlichen Verhältnisse objektiv eine enge, wechselseitige, technisch-wirtschaftliche Verflechtung besteht.[87] Entscheidend sind immer die Verhältnisse des Einzelfalles.

Steuerrechtlich ist die Zusammenfassung von Betrieben gewerblicher Art mit hoheitlichen Betrieben nicht möglich.[88]

Zahlt der Eigenbetrieb Zinsen, Miete, Pacht, Konzessionsabgaben bzw. Verwaltungskostenbeiträge an den Kernhaushalt, so ist darauf zu achten, dass diese Aufwendungen marktüblich angesetzt werden, da ansonsten die Grundsätze für verdeckte Gewinnausschüttungen Anwendung finden. Gewerbesteuerpflichtig sind Eigenbetriebe der Gemeinde, sofern es sich um einen stehenden Gewerbebetrieb handelt (§ 2 Abs. 2 GewStDV). Dabei ist die Beurteilung nach den Vorschriften des Einkommensteuergeset-

---

[87] Abschnitt 5 Absatz 9 Satz 1, 2 KStR; BFH vom 16.1.1967, BStBl. II S. 240 u. w. N. aus der Rechtsprechung.
[88] Abschnitt 5 Absatz 8 KStR 1990 u. v. a. das BFH-Urteil vom 10.07.1962; BStBl. III S. 448).

zes für Gewerbebetriebe maßgeblich. Handelt es sich bei dem Eigenbetrieb um eine Einrichtung, die in § 3 GewStG aufgezählt ist, so ist die Einrichtung von der Gewerbesteuer befreit (z. B. Krankenhäuser, Altenheime).

Die Gewerbesteuer ist an den Kernhaushalt der Gemeinde abzuführen, da es sich bei der Gewerbesteuer um eine Gemeindesteuer handelt (§ 1 GewStG). Die Gewerbesteuer zahlt der Eigenbetrieb daher an die eigene Gemeinde. Über die Gewerbesteuerumlage sind der Bund und die Bundesländer ebenfalls am Gewerbesteueraufkommen beteiligt. Der insgesamt an den Bund und an das Land NRW abzuführende Anteil ergibt sich nach § 6 des Gemeindefinanzreformgesetzes wie folgt:

$$\frac{Bundesvervielfältiger + Landesvervielfältiger + Erhöhungszahl}{Hebesatz\ der\ Gemeinde} \times 100$$

Bei einem Gewerbesteuerhebesatz von 400 Prozentpunkten ergibt sich ein Prozentsatz von:

$$\frac{14{,}5 + 49{,}5 + 6}{400} \times 100 = 17{,}5\%$$

Danach verbleiben einer nordrhein-westfälischen Gemeinde 82,5% der vereinnahmten Gewerbesteuer.

4.5   Personal- und Mitbestimmungsrecht

Der Eigenbetrieb ist Bestandteil der Kommunalverwaltung. Damit unterliegt der Eigenbetrieb denselben rechtlichen Rahmenbedingungen wie die Kernverwaltung. Dem Eigenbetrieb ist es somit möglich, Beamte zu beschäftigen (§ 121 BRRG). Nachteilig sind die starren Regelungen des öffentlichen Dienstes in den Bereichen der Besoldungsgruppen und Beförderungsverbote. Zusätzlich kann der Eigenbetrieb Angestellte beschäftigen. Die Angestellten sind jedoch, ähnlich wie die Beamten, starren Besoldungsregeln unterworfen.

Bei den Gemeinden, den Gemeindeverbänden und den sonstigen der Aufsicht des Landes NRW unterstehenden Körperschaften, Anstalten und Stiftungen des öffentlichen Rechts bilden die Verwaltungen, die Eigenbetriebe und die Schulen gemeinsam eine Dienststelle (§ 1 Absatz 2 LPVG NRW). Öffentlich-rechtliche Rechtsformen unterliegen dem Landespersonalvertretungsgesetz. (§ 1 LPVG NRW).

Bei Eigenbetrieben mit mehr als 50 Beschäftigten besteht der Betriebsausschuss zu einem Drittel aus Beschäftigten des Eigenbetriebes (§ 114 Absatz 3 Satz 1 GemO NRW).

Da auch die öffentlichen Betriebe qualifiziertes Personal benötigen, insbesondere in technologielastigen Bereichen, ist es schwierig, qualifiziertes Personal zu finden, das im Vergleich zur Privatwirtschaft geringere Vergütungen akzeptiert. Oft wandert eingestelltes, qualifiziertes Personal nach einer gewissen Beschäftigungszeit in die Privatwirtschaft ab. Insbesondere in technologielastigen Bereichen ist dies der Fall.

Führungskräfte müssen die laufbahnübliche Vorbildung besitzen (§ 6 Absatz 2 LBG NRW).

4.6 Umwandlungsmöglichkeiten

Der Eigenbetrieb kann gemäß § 168 UmwG im Rahmen einer Ausgliederung in eine Gesellschaft mit beschränkter Haftung oder eine Aktiengesellschaft umgewandelt werden. Eine landesrechtliche Bestimmung die nach § 168 UmwG einer Umwandlung entgegensteht ist in NRW nicht vorhanden. Bundesrechtlich existieren ebenso keine entgegenstehenden Regelungen. Denkbar sind die Ausgliederung zur Aufnahme sowie Ausgliederung zur Neugründung.[89] Bei einer Ausgliederung zur Aufnahme ist von den Beteiligten ein Ausgliederungsvertrag zu erstellen und gemäß § 125 Satz 1 i. V. m. § 6 UmwG notariell beurkunden zu lassen. Erfolgt die

---

[89] Vgl. Lepper, Markus 2006: 313.

Ausgliederung als Ausgliederung zur Neugründung, wird ein Spaltungs- bzw. Ausgliederungsplan (§ 136 UmwG) vom Gemeinderat erstellt. Mindestinhalte sind:

- Zu übertragende Aktiva und Passiva
- Ausgliederungsstichtag (§ 136 i. V. m. § 126 UmwG).

Der neu zu erstellende Gesellschaftsvertrag für die GmbH muss dem Ausgliederungsplan ebenso beigefügt werden (§ 135 Absatz 1 i. V. m. §§ 125 Satz 1 und 37 UmwG).

Außerdem ist bei Gründung einer GmbH bzw. AG ein schriftlicher Sachgründungs- bzw. Gründungsbericht zu erstellen (§ 170 UmwG). Es ist eine Schlussbilanz des umzuwandelnden Betriebes anzufertigen. Diese ist dem Registergericht mit dem Eintragungsantrag vorzulegen (§ 125 Satz 1 i. V. m. § 17 Absatz 2 UmwG). Ein Ausgliederungsbericht muss nicht erstellt werden (§ 169 Satz 1 UmwG). Für die Ausgliederung ist ein Ratsbeschluss des Gemeinderates erforderlich. Der Bürgermeister ist gesetzlicher Vertreter der Gemeinde (§ 63 Absatz 1 GO NRW sowie § 64 Absatz 1 GO NRW). Bei der Ausgliederung handelt es sich um einen Unterfall der Spaltung (§ 123 UmwG).

Eine Umwandlung in eine Anstalt öffentlichen Rechts ist ebenso möglich (§ 114a GemO NRW), dabei ist ein Jahresabschluss oder eine Zwischenbilanz zu erstellen.[90] Diese gesetzliche Vorschrift in der Gemeindeordnung ist eine Ergänzung zu den im Umwandlungsgesetz enthaltenen Umwandlungsmöglichkeiten und stellt eine landesgesetzliche Regelung im Sinne von § 1 Absatz 2 UmwG dar.

---

[90] Vgl. Lübbecke, Barbara 2004: 16.

5 Der Zweckverband

Luppert definiert den Zweckverband als „… eine durch staatlichen Hoheitsakt - der Genehmigung der Aufsichtsbehörde - auf der Grundlage einer in der Regel freiwilligen Vereinbarung geschaffene, mitgliedschaftlich organisierte Körperschaft des öffentlichen Rechts, zu der sich Gemeinden und/oder Landkreise zusammenschließen können, um gemeinsam bestimmte kommunale Aufgaben wahrzunehmen (so genannter Freiverband).“[91]

Die Anzahl der kommunalen Zweckverbände hat im Laufe der Zeit immer weiter abgenommen. Im Jahr 1937 existierten noch 10.256 kommunale Zweckverbände.[92] Im Jahr 2009 waren es nur noch 1.095 kommunale Zweckverbände.[93] Luppert weißt jedoch darauf hin, dass die Zweckverbände nicht an Bedeutung verloren haben.[94]

Unterschieden werden Pflichtverbände und Zweckverbände, die auf freiwilliger Basis gegründet werden. In dieser Untersuchung wird lediglich auf die freiwilligen Verbände eingegangen, da die Rechtsformwahl der Gemeinden erörtert wird.

Zweckverbände dienen der interkommunalen Zusammenarbeit und haben in der „… kommunalen Praxis eine weitestgehende Verbreitung zur gemeinsamen Bewältigung der unterschiedlichsten kommunalen Aufgaben erfahren.“ [95] Der Zweckverband ist eine Körperschaft des öffentlichen Rechts und ist organisatorisch und rechtlich eigenständig. Mitglieder der Zweckverbände sind hauptsächlich Gemeinden. Jedoch können auch natürliche und juristische Personen des Privatrechts Mitglieder sein, wenn die Erfüllung der Zweckverbandsaufgaben hierdurch gefördert wird (§ 4 Absatz 2 Satz 2 GKG NRW).

---

[91] Luppert, Jürgen 2000: 50.
[92] Luppert, Jürgen 2000: 16.
[93] Statistik des Statistischen Bundesamtes 2009.
[94] Luppert, Jürgen 2000: 16.
[95] Cronauge, Ulrich; Westermann, Georg 2006: 141.

Zweckverbände haben das Recht, Beamte zu ernennen (§ 17 Abs. 2 GKG NRW) und sind daher dienstherrenfähig. Zusätzlich können Angestellte beschäftigt werden.

Die Gemeinden sind nicht verpflichtet, ausschließlich den Zweckverband als Rechtsform für die gemeinsame Wahrnehmung von Aufgaben zu wählen. Stattdessen können auch die Gestaltungsmöglichkeiten des Privatrechts genutzt werden (§ 1 Abs. 3 GKG NRW). Unter anderem sind Zweckverbände in den Bereichen Wasserversorgung, Energieversorgung, schulischer und kultureller Bereich, Verkehrsbetriebe und kommunale Rechenzentren zu finden.

Interessant können Verbindungen aus öffentlich rechtlichem Zweckverband sowie privatrechtlichen Kapitalgesellschaften sein. So gibt es z. B. Rechenzentren in der Rechtsform des Zweckverbandes, die hoheitliche Leistungen über den Zweckverband abwickeln und Leistungen für gewerbliche Kunden über eine Kapitalgesellschaft wie z. B. eine GmbH, an der der Zweckverband zu 100% beteiligt ist, ausführen.[96]

Die Zweckverbände finanzieren sich über Beiträge, Gebühren und Umlagen der Mitglieder.[97]

Die Einflussnahme der Gemeinde auf den Zweckverband kann nur durch die in die Verbandsversammlung entsandten Vertreter erfolgen.[98] Die grenzüberschreitende interkommunale Kooperation ist ebenfalls möglich. Hierzu sind jedoch Staatsverträge mit den Nachbarländern erforderlich.

---

[96] Beispiel: KIRU, Kommunale Informationsverarbeitung Reutlingen-Ulm Zweckverband.
[97] Vgl. Luppert, Jürgen 2000: 51.
[98] Vgl. Hauser, Werner 1987: 67.

5.1 Gründung des Zweckverbandes

Gemäß § 4 Absatz 1 GKG NRW können sich Gemeinden und Gemeindeverbände zu Zweckverbänden zusammenschließen, um Aufgaben, zu deren Wahrnehmung sie berechtigt oder verpflichtet sind, gemeinsam zu erfüllen (Freiverband). Für Pflichtaufgaben können sie auch zusammengeschlossen werden (Pflichtverband).

Zur Gründung des Zweckverbandes ist eine Verbandssatzung zu erstellen (§ 7 GKG NRW). Die Satzung regelt die Aufbauorganisation sowie Rechte und Pflichten der Mitglieder des Zweckverbandes und ist zwingende Voraussetzung für die Gründung. Die Satzung hat auch Außenwirkung, da die Aufgaben der Mitgliedskommunen auf den Zweckverband übergehen und die Bürger der Mitgliedskommunen davon betroffen sind.[99] Die Satzung stellt einen öffentlich-rechtlichen Vertrag zur Gründung einer juristischen Person des öffentlichen Rechts dar, wobei kein Leistungsaustausch zwischen den Mitgliedern zu Grunde liegt.[100] Die Zweckverbandssatzung wird von den zukünftigen Mitgliedern des Verbandes erstellt und muss durch die Rechtsaufsichtsbehörde genehmigt werden (§ 10 Absatz 1 GKG NRW). Die Genehmigung ist ein Verwaltungsakt. „Den Beitritt zum Zweckverband müssen die Mitglieder – unter Billigung des Satzungstextes – in ihren Gemeinderäten beschließen lassen."[101]

Die Gemeinden erwerben mit der Mitgliedschaft im Zweckverband keine kapitalmäßige Beteiligung, wie dies z. B. bei einer GmbH oder einer Aktiengesellschaft der Fall ist.

Der Verband entsteht am Tag nach der öffentlichen Bekanntmachung der Verbandssatzung und der Genehmigung im Veröffentlichungsblatt der Aufsichtsbehörde, soweit nicht hierfür in der Verbandssatzung ein späterer Zeitpunkt bestimmt ist (§ 11 Abs. 2 GKG NRW). Die Genehmigung gilt als erteilt, wenn die Aufsichtsbehörde den Beteiligten nicht innerhalb von vier

---

[99] Vgl. Schmidt, Thorsten Ingo 2005: 207.
[100] Vgl. Schmidt, Thorsten Ingo 2005: 208.
[101] Cronauge, Ulrich; Westermann, Georg 2006: 142.

Wochen nach Eingang des Genehmigungsantrages mitteilt, dass sie die Genehmigung versagen oder nur nach Änderung der Vereinbarung erteilen will und nicht innerhalb weiterer vier Wochen einen Termin mit den Beteiligten anberaumt, um dies zu erörtern (§ 10 Absatz 1 Satz 2 GKG NRW). Die Bildung eines Zweckverbandes vollzieht sich nach den in Abbildung 5 dargestellten Schritten.

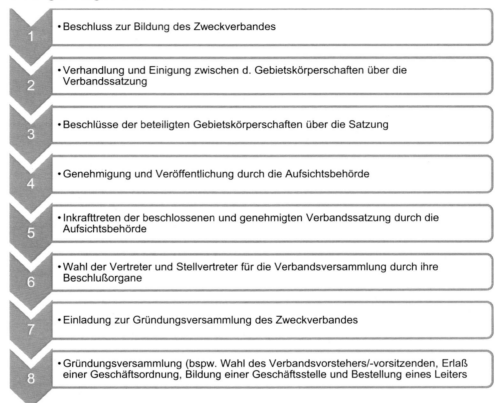

1 • Beschluss zur Bildung des Zweckverbandes

2 • Verhandlung und Einigung zwischen d. Gebietskörperschaften über die Verbandssatzung

3 • Beschlüsse der beteiligten Gebietskörperschaften über die Satzung

4 • Genehmigung und Veröffentlichung durch die Aufsichtsbehörde

5 • Inkrafttreten der beschlossenen und genehmigten Verbandssatzung durch die Aufsichtsbehörde

6 • Wahl der Vertreter und Stellvertreter für die Verbandsversammlung durch ihre Beschlußorgane

7 • Einladung zur Gründungsversammlung des Zweckverbandes

8 • Gründungsversammlung (bspw. Wahl des Verbandsvorstehers/-vorsitzenden, Erlaß einer Geschäftsordnung, Bildung einer Geschäftsstelle und Bestellung eines Leiters

Abbildung 5: Gründung eines Zweckverbandes[102]

Die Satzung des Zweckverbandes muss die Verbandsmitglieder, die Aufgaben, den Namen und Sitz des Verbandes, die Form der öffentlichen Bekanntmachungen sowie den Maßstab bestimmen, nach dem die Verbandsmitglieder zur Deckung der entstehenden Aufwendungen beizutragen haben. Sie muss ferner die Angelegenheiten regeln, deren Regelung

---

[102] Vgl. Cronauge Ulrich; Westermann, Georg 2006: 143.

durch die Verbandssatzung das Gesetz ausdrücklich vorschreibt. Darüber hinaus kann die Verbandssatzung Bestimmungen enthalten über

1. die Verfassung und Verwaltung

2. die Abwicklung im Falle der Auflösung des Zweckverbandes

3. sonstige Rechtsverhältnisse des Zweckverbandes

soweit das Gesetz keine Vorschriften enthält oder die Regelung in der Verbandssatzung ausdrücklich zulässt (§ 9 Absatz 2 GKG NRW).

Die Rechtmäßigkeit der Satzung und die daraus resultierende Wirksamkeit der Satzung ist nach den §§ 54 ff VwVfG und nach den gemeinderechtlichen Rechtsvorschriften zu beurteilen.[103] Zu prüfen ist unbedingt, ob die Satzung wirksam erstellt wurde.

Der Austritt einer Gemeinde aus dem Zweckverband gestaltet sich schwierig. Die gesetzlichen Grundlagen für die kommunalen Zweckverbände in NRW enthalten keine Abfindungsregelungen bei Austritt einer Gemeinde. Es sollte darauf geachtet werden, dass die Satzung des zu gründenden Zweckverbandes Abfindungsregelungen enthält. Ist eine Gemeinde bspw. Mitglied eines Abwasserzweckverbandes, so sind durch den Zweckverband erhebliche Investitionen in Vermögensgegenstände des Anlagevermögens erfolgt. Bei Austritt aus einem solchen Zweckverband müsste die jeweilige Gemeinde die Finanzierung von Kläranlagen etc. eigenständig vornehmen, was zu erheblichen Belastungen führen würde.

Zweckverbände sind in das Handelsregister eintragen zu lassen, wenn es sich um Gewerbebetriebe handelt (§ 33 Absatz 1 HGB i. V. m. § 1 Absatz 2 HGB). Zuständig ist hierfür der Verbandsvorsteher bzw. Geschäftsführer des Zweckverbandes. Die Beschlüsse zur Bestellung des Verbandsvorstehers und die Satzung sind in öffentlich beglaubigter Abschrift (§ 12 HGB) beizufügen (§ 33 Absatz 2 HGB).

---

[103] Vgl. Schmidt, Thorsten Ingo 2005: 209.

5.2 Organe des Zweckverbandes

Die Organe des Zweckverbandes sind die Verbandsversammlung und der Verbandsvorsteher. Sowohl die Mitglieder der Verbandsversammlung als auch der Verbandsvorsteher sind ehrenamtlich tätig (§ 17 Abs. 1 GKG NRW). Darüber hinaus lassen sich zusätzliche Organe in der Verbandssatzung regeln. Zu finden sind oft: Verwaltungsräte, Organisationsbeiräte sowie hauptamtliche Geschäftsführer.

5.2.1 Verbandsversammlung

Die Verbandsversammlung ist für die Bildung des Verbandswillens zuständig und stellt das Hauptorgan des Zweckverbandes dar. Die Vertreter der Gemeinden sind weisungsgebunden. Die Verbandsversammlung ist vergleichbar mit der Hauptversammlung der Aktiengesellschaft bzw. Gesellschafterversammlung der GmbH.

5.2.2 Verbandsvorsteher

Der Verbandsvorsteher vertritt den Zweckverband nach außen. Vergleichbar ist das Organ mit dem Vorstand der Aktiengesellschaft bzw. dem Geschäftsführer der GmbH. Der Verbandsvorsteher führt die Geschäfte des Zweckverbandes und ist für die gerichtliche und außergerichtliche Vertretung des Verbandes zuständig. Zusätzlich zum Verbandsvorsteher existieren oft hauptamtliche Geschäftsführer, da die Verbandsvorsteher nebenamtlich tätig sind.

5.3 Wirtschaftsführung und Rechnungswesen

Die Zweckverbände finanzieren sich über Umlagen, die von den Verbandsmitgliedern erhoben werden (§ 19 Abs. 1 GKG NRW). Die Umlagen werden an der Leistungsfähigkeit der einzelnen Mitglieder ausgerichtet.

Darüber hinaus können Zweckverbände Gebühren und Beiträge gem. Kommunalabgabenrecht erheben (§ 19 Abs. 3 GKG NRW). Steuern dürfen die Zweckverbände nicht erheben. Schmidt sieht die Einziehung von

Steuern für die Mitglieder des Zweckverbandes als erlaubt an,[104] da der Verband in diesem Fall im Namen und auf Rechnung der Mitgliedskommunen handelt. Privatrechtliche Leistungen dürfen Zweckverbände ebenso erbringen und dafür einen Preis verlangen. Privatrechtliche Entgelte müssen jedoch über das zivilrechtliche Mahnverfahren gemahnt werden, während öffentlich-rechtliche Forderungen im Rahmen der Verwaltungsvollstreckung geltend gemacht werden.

Die Zweckverbände können sich auch über die Aufnahme von Krediten finanzieren (Ausgleich von Haushaltsdefiziten, Ausgleich von Schwankungen der Umlagen). Es können zinsgünstige Kommunalkredite aufgenommen werden. Die Verbände verfügen über eine hohe Kreditwürdigkeit.[105]

Für die Haushaltswirtschaft des Zweckverbandes finden die Vorschriften für die Gemeinden sinngemäß Anwendung mit Ausnahme der Vorschriften über die Auslegung der Haushaltssatzung und des Jahresabschlusses sowie über die örtliche Rechnungsprüfung und den Gesamtabschluss (§ 18 Abs. 1 GKG NRW). Damit sind die Vorschriften der GemHVO NRW auch für den Zweckverband anzuwenden.

Wird eine wirtschaftliche Tätigkeit durch den Zweckverband ausgeübt, die entsprechend den Vorschriften über die Eigenbetriebe geführt werden kann, so kann die Verbandssatzung bestimmen, dass auch auf die Wirtschaftsführung und das Rechnungswesen des Zweckverbandes selbst die Vorschriften der Eigenbetriebe sinngemäß Anwendung finden.

Die überörtliche Prüfung ist Aufgabe der Gemeindeprüfungsanstalt NRW (§ 18 Abs. 2 GKG NRW).

Unzulässig ist das Insolvenzverfahren über das Vermögen einer juristischen Person des öffentlichen Rechts, die der Aufsicht eines Landes un-

---

[104] Vgl. Schmidt Thorsten Ingo 2005: 480.
[105] Vgl. Schmidt Thorsten Ingo 2005: 507.

tersteht, wenn das Landesrecht dies bestimmt (§ 12 Absatz 1 Nr. 2 InsO). Das Land Nordrhein-Westfalen hat keine Bestimmung für Zweckverbände erlassen. Damit sind Zweckverbände in Nordrhein-Westfalen prinzipiell insolvenzfähig. Im GKG NRW ist jedoch in § 19 festgelegt, dass Zweckverbände eine Umlage von den Verbandsmitgliedern erheben, wenn die Erträge die Aufwendungen nicht decken. Eine Insolvenz sollte insofern nicht auftreten können.

Die Führung eines Zweckverbandes kann sich als unflexibel, schwerfällig und wenig praxistauglich erweisen.[106]

5.3.1 Steuerliche Rahmenbedingungen

Da der Zweckverband eine juristische Person des öffentlichen Rechtes ist, sind hoheitliche Tätigkeiten steuerbefreit. Betriebe gewerblicher Art juristischer Personen unterliegen jedoch, wie bereits in Unterabschnitt 3.2 erläutert, der Körperschaftsteuer bzw. Umsatzsteuer. Sind Zweckverbände in den Bereichen: Wasser-, Gas-, Wärme- bzw. Elektrizitätsversorgung oder öffentlicher Verkehr bzw. Hafenbetrieb tätig, so sind sie körperschaftsteuerpflichtig und gewerbesteuerpflichtig.

5.3.2 Umwandlung von Zweckverbänden

Eine Umwandlung von Zweckverbänden in eine Kapitalgesellschaft ist gemäß §§ 191 Absatz 1 Nr. 6 UmwG i. V. m. 301-304 UmwG prinzipiell möglich. Von dieser bundesrechtlichen Regelung ist jedoch die kommunalrechtliche Zulässigkeit zu unterscheiden. Der Formwechsel ist nach § 301 Absatz 2 UmwG nur möglich, wenn das Bundes- oder Landesrecht einen Formwechsel vorsieht oder zulässt. Eine bundesrechtliche Zulässigkeit existiert für Zweckverbände nicht. In Nordrhein-Westfalen existiert hierzu keine gesetzliche Regelung für Zweckverbände.[107] Damit scheidet eine Umwandlung über einen Formwechsel in NRW aus. Eine Umwandlung in Form einer Ausgliederung § 168 UmwG ist jedoch möglich.

---

[106] Vgl. Luppert, Jürgen 2000: 69.
[107] Anders z. B. in Niedersachsen, siehe § 17 Absatz 5 Satz 1 NKomZG oder Schleswig-Holstein, siehe § 17a SHGKZ.

Eine Umwandlung eines Zweckverbandes in eine Anstalt öffentlichen Rechts ist in NRW nicht möglich, da nur eine einzelne Gemeinde Träger einer Anstalt öffentlichen Rechts sein kann.

6   Die Anstalt öffentlichen Rechts

Gemäß § 114a GO NRW können die Gemeinden Unternehmen und Einrichtungen in der Rechtsform einer Anstalt des öffentlichen Rechts (oder
auch Kommunalunternehmen genannt) errichten oder bestehende Regie-
und Eigenbetriebe sowie eigenbetriebsähnliche Einrichtungen im Wege
der Gesamtrechtsnachfolge in rechtsfähige Anstalten des öffentlichen
Rechts umwandeln. Bei der Gesamtrechtsnachfolge wird Vermögen als
Ganzes übertragen. Schwierigkeiten können sich dabei ergeben, die zu
übertragenden Vermögensgegenstände zu spezifizieren.[108] Ursprünglich
wurden die Organisationsform Anstalt des öffentlichen Rechts für den Betrieb von Sparkassen verwendet. „Die Anstalt des öffentlichen Rechts
nimmt eine Zwitterstellung zwischen dem rechtlich unselbständigen Eigenbetrieb und der rechtlich selbständigen Kapitalgesellschaft (z. B.
GmbH) ein."[109] Der Grund, warum der Gesetzgeber eine neue Rechtsform
geschaffen hat ist „...die [erhöhte] Flexibilität privatrechtlicher Organisationsformen mit den Legitimationsanforderungen und Steuerungsverpflich-
tungen des öffentlichen Rechts zu verbinden."[110] Geeignet ist die Anstalt
öffentlichen Rechts auch als Holding.[111] Einzelne oder alle mit einem bestimmten Zweck zusammenhängende Aufgaben können der Anstalt ganz
oder teilweise übertragen werden (§ 114a GemO NRW). Die Definition des
Unternehmenszwecks ist von besonderer Bedeutung.[112]

Anwendung findet die Anstalt des öffentlichen Rechts bspw. in den Bereichen: Sparkassen, Krankenhäuser, Kultur und Weiterbildung, öffentlicher
Personen- und Nahverkehr, Abwasserentsorgung, Abfallwirtschaft, Volkshochschulen, Musikschulen und Museen.[113]

---

[108] Lübbecke, Barbara 2004: 15.
[109] Seibold-Freund, Sabine 2008: 22.
[110] Leitzen, Mario 2009: 354.
[111] Vgl. Seibold-Freund, Sabine 2008: 22.
[112] Gaß, Andreas 2003: 43.
[113] Vgl. Seibold-Freund, Sabine 2008: 23.

6.1 Gründung der Anstalt öffentlichen Rechts

Für die Gründung der Anstalt des öffentlichen Rechts entstehen keine gesonderten Kosten. Beurkundungen der Satzung sind nicht erforderlich. Lediglich für die Veröffentlichung der Satzung und Eintragung der Anstalt in das Handelsregister fallen Gebühren an.

Anstalten öffentlichen Rechts sind vom Vorstand der Anstalt in das Handelsregister eintragen zu lassen, wenn es sich um Gewerbebetriebe handelt (§ 33 Absatz 1 HGB i. V. m. § 1 Absatz 2 HGB). Die Beschlüsse zur Bestellung des Vorstandes sowie die Betriebssatzung sind in öffentlich beglaubigter Abschrift (§ 12 HGB) beizufügen (§ 33 Absatz 2 HGB). Die Eintragung in das Handelsregister ist vom Vorstand der Anstalt vornehmen zu lassen.

6.1.1 Voraussetzungen

Bei den Voraussetzungen für die Errichtung einer Anstalt öffentlichen Rechts sowie bei Umwandlung von Regie- und Eigenbetrieben ist § 108 Abs. 1 Satz 1 Nr. 1 und Nr. 2 GemO NRW entsprechend anzuwenden. Hiernach müssen bei Unternehmen die Voraussetzungen des § 107 Absatz 1 Satz 1 GemO NRW gegeben sein, d. h. die Gemeinde darf sich zur Erfüllung ihrer Aufgaben wirtschaftlich betätigen, wenn ein öffentlicher Zweck die Betätigung erfordert.

6.1.2 Satzung

Für die Errichtung der Anstalt öffentlichen Rechts ist gemäß § 114a Abs. 2 GO NRW durch die Gemeinde eine Satzung zu erstellen, die die Rechtsverhältnisse der Anstalt regelt. Die Satzung muss folgende Bestandteile enthalten:

- Bestimmungen über den Namen und Aufgaben der Anstalt
- Zahl der Mitglieder des Vorstandes und des Verwaltungsrates
- Höhe des Stammkapitals
- Wirtschaftsführung

- Vermögensverwaltung und
- Rechnungslegung

Anschluss- und Benutzungszwang können durch die Satzung vorgeschrieben werden (§ 114a Absatz 3 GO NRW).

6.2 Organe der Anstalt des öffentlichen Rechts

Die Anstalt des öffentlichen Rechts verfügt über die gesetzlichen Organe
Vorstand und Verwaltungsrat. Ergänzend können weitere Organe eingerichtet werden, wie zum Beispiel ein Beirat.[114]

6.2.1 Vorstand

Der Vorstand der Anstalt des öffentlichen Rechts leitet die Anstalt eigenverantwortlich. Wird die Kompetenz des Vorstandes reduziert, werden die
Unterschiede im Vergleich zum Eigenbetrieb immer geringer.[115] Die Anstalt ist eine juristische Person des öffentlichen Rechts und somit von der
Gemeinde getrennt. Für den Vorstand gelten sinngemäß die gleichen
Pflichten wie für Geschäftsführer einer GmbH.[116] Die Anstalt wird durch
den Vorstand gerichtlich und außergerichtlich vertreten.

6.2.2 Verwaltungsrat

Der Verwaltungsrat überwacht die Geschäftsführung des Vorstandes und
wird für maximal 5 Jahre bestellt. Eine erneute Bestellung ist zulässig
(§ 114a Absatz 7 GO NRW).

6.3 Wirtschaftsführung und Rechnungswesen

Die Anstalt hat einen Jahresabschluss und Lagebericht aufzustellen. Die
Erstellung richtet sich nach den Vorschriften des HGB für große Kapitalgesellschaften (§114a Absatz 10 GemO NRW).

---

[114] Vgl. Lübbecke, Barbara 2004: 141.
[115] Vgl. Gaß, Andreas: 2003: 42;Vgl. Mann, Thomas 1996: 558.
[116] Busse-Müller, Jürgen, Zu § 3: 68.

Den Anstalten des öffentlichen Rechtes stehen als juristische Person des öffentlichen Rechts ebenfalls zinsgünstige Kommunalkredite zur Verfügung.

6.3.1 Stammkapital

Die Höhe des Stammkapitals der Anstalt ist gesetzlich nicht fixiert. Es muss jedoch ein angemessenes Stammkapital vorhanden sein.[117]

6.3.2 Steuerliche Rahmenbedingungen

Die laufende Besteuerung der Anstalt öffentlichen Rechts richtet sich nach der Besteuerung von Eigenbetrieben bzw. eigenbetriebsähnlichen Einrichtungen. Es gibt daher bei der AöR keine Steuerpflicht kraft Rechtsform wie bei der GmbH oder AG. Insofern wird auf Unterabschnitt 3.2 dieser Untersuchung verwiesen.

6.3.3 Vergaberecht

Für die Vergabe von öffentlichen Aufträgen gilt § 31 Absatz 1 GemHVO NRW. Fraglich ist, ob diese Regelungen der GemHVO auch für die Anstalt öffentlichen Rechts Gültigkeit besitzen. Die kommunale Anstalt öffentlichen Rechts unterliegt nicht der GemHVO NRW. Die Regelungen der GemHVO beziehen sich auf die Haushaltsführung der Gemeinden. Der Titel der Gemeindehaushaltsverordnung weist darauf hin, dass die Vorschriften nur für die Gemeinden Gültigkeit besitzen.[118] In § 8 der KUV NRW nimmt der Gesetzgeber jedoch Bezug auf die GemHVO NRW und verplichtet die Anstalt öffentlichen Rechts zur Anwendung der Vergabegrundsätze.

6.3.4 Insolvenzunfähigkeit

Die Gemeinde haftet für die Verbindlichkeiten der Anstalt unbeschränkt, soweit nicht Befriedigung aus dem Anstaltsvermögen zu erlangen ist (§ 114a Absatz 5 GemO NRW). Ein Insolvenzverfahren über das Vermö-

---

[117] Busse-Müller, Jürgen, Zu § 9: 90.
[118] Vgl. Lübbecke, Barbara 2004: 240.

gen der Gemeinde ist in NRW unzulässig (§ 12 Absatz 1 Nr. 2 InsO i. V. m. § 128 Absatz 2 GemO NRW).

6.4 Aufsicht

Über § 114a Absatz 11 GemO NRW nimmt die Gemeindeordnung auf die Bestimmungen des 13. Teils der Gemeindeordnung Bezug. Die Regelungen über die staatliche Aufsicht gelten demnach sinngemäß auch für die Anstalt des öffentlichen Rechts. Die Aufsichtsbehörden können direkt rechtsaufsichtliche Maßnahmen ergreifen.

6.5 Dienst- und Mitbestimmungsrecht

Die Anstalt öffentlichen Rechts kann Beamte beschäftigen, sofern hoheitliche Befugnisse ausgeübt werden (§ 114a Absatz 9 GemO NRW). Ergänzend können Angestellte beschäftigt werden. Das Landespersonalvertretungsgesetz findet Anwendung. Bei Auflösung oder Umbildung einer Anstalt öffentlichen Rechts finden die Vorschriften der §§ 128 bis 133 BRRG Anwendung.

7 Die Gesellschaft mit beschränkter Haftung

Die GmbH ist eine privat-rechtliche Rechtsform und juristische Person des Privatrechts. Kommunale Gesellschaften, an denen die öffentliche Hand einen Anteil von mehr als 50% besitzt, werden als kommunale Eigengesellschaft bezeichnet.

Mit Hilfe der Rechtsform der GmbH versucht die Gemeinde eine öffentliche Aufgabe zu erfüllen.[119] Durch die Übertragung der öffentlichen Aufgabe auf eine Eigengesellschaft wird die Macht der Verwaltung dezentralisiert.[120] Die Haftung von GmbH gegenüber Gläubigern ist gem. § 13 Absatz 2 GmbHG auf das Gesellschaftsvermögen beschränkt. Im Rahmen einer Insolvenz ist als Masse lediglich das Gesellschaftsvermögen vor-

---

[119] Vgl. Häußermann, Alexander 2004: 21.
[120] Vgl. Häußermann, Alexander 2004: 36.

handen. Werden durch die Kapitalgesellschaft kommunale Pflichtaufgaben erfüllt, so muss die Gemeinde die ordnungsgemäße Erfüllung sicherstellen und hat auch für ausreichende Liquidität der Gesellschaft zu sorgen.

7.1 Gründung der GmbH

Eine nordrhein-westfälische Gemeinde darf eine GmbH nur gründen bzw. sich an einer GmbH beteiligen, wenn der Gesellschaftsvertrag sicherstellt, dass die Gesellschafterversammlung auch über

- den Abschluss und die Änderungen von Unternehmensverträgen i. S. d. §§ 291 und 292 Absatz 1 AktG
- den Erwerb und die Veräußerung von Unternehmen und Beteiligungen
- den Wirtschaftsplan, die Feststellung des Jahresabschlusses und die Verwendung des Ergebnisses sowie
- die Bestellung und Abberufung der Geschäftsführer, soweit dies nicht der Gemeinde vorbehalten ist, und
- der Rat, den von der Gemeinde bestellten oder auf Vorschlag der Gemeinde Mitgliedern des Aufsichtsrates Weisungen erteilen kann, soweit die Bestellung eines Aufsichtsrates gesetzlich nicht vorgeschrieben ist

beschließt (§ 108 Absatz 4 GO NRW).

Für die Gründung einer GmbH ist mindestens ein Gesellschafter notwendig. Das Stammkapital muss mindestens 25.000,-- Euro betragen. Die Gründung der GmbH erfolgt über eine Bareinlage oder Sachgründung. Zu unterscheiden sind drei Phasen bei der Gründung: Vorgründungsgesellschaft (steuerlich gesehen ist die Vorgründungsgesellschaft als Personengesellschaft zu erfassen, da kein körperschaftsteuerliches Gebilde vorliegt)[121], Vorgesellschaft und errichtete GmbH. Eine GmbH ist Formkaufmann (§ 6 HGB). GmbHs werden in das Handelsregister eingetragen. Der Gesellschaftsvertrag enthält den Gesellschaftszweck.

7.2 Organe der GmbH

Die GmbH verfügt laut GmbH-Gesetz über die Organe Geschäftsführer und Gesellschafterversammlung. Fakultativ kann ein Aufsichtsrat bzw. ein Beirat eingerichtet werden.

7.2.1 Geschäftsführer

Der/Die Geschäftsführer führen die laufenden Geschäfte und vertreten die GmbH gerichtlich und außergerichtlich (§ 35 Absatz 1 Satz 1 GmbHG). Nach dem GmbHG ist eine Gesamtvertretungsbefugnis vorgesehen (§ 35 Absatz 2 Satz 2 GmbHG). Mehrere Geschäftsführer vertreten die GmbH gemeinsam. Ist nur ein Geschäftsführer vorhanden, so vertritt er die GmbH allein. Der/die Geschäftsführer haben die Weisungen der Gesellschafter zu beachten und die Interessen der Gesellschaft zu verfolgen. Bei Verstößen ist der Geschäftsführer schadensersatzpflichtig.

Die Geschäftsführer können über das Gründungsprotokoll oder durch gesonderten Beschluss der Gesellschafter bestellt werden.

Da das GmbH-Recht weitestgehend dispositiv ist, können die Befugnisse eines Geschäftsführers im Innenverhältnis stark minimiert werden.

Gewinnbeteiligungen der Mitarbeiter sind möglich. Im öffentlichen Sektor erzielen die Gesellschaften häufig jedoch Verluste bzw. arbeiten kostendeckend. Gewinnbeteiligungen sind daher im öffentlichen Bereich im Vergleich zur Privatwirtschaft weniger bedeutend.

---

[121] H 2, KStH, „Vorgründungsgesellschaft"; BFH, 08.11.1989 – I R 174/86, BStBl. 1990 II S. 91.

7.2.2 Gesellschafterversammlung

In den §§ 46 bis 51 GmbHG sind die Aufgaben der Gesellschafter festgelegt. Dabei sind die Regelungen des Gesellschaftsvertrages der GmbH maßgeblich. Die Gesellschafterversammlung wird auch als Willensbildungsorgan der GmbH bezeichnet und hat die Möglichkeit, Unternehmensgegenstand und Gesellschaftszweck festzulegen.[122] Handelt es sich um eine Einmann-GmbH, so vertritt der Bürgermeister in der Gesellschafterversammlung die Gemeinde. Vertreter, die von der Gemeinde in die Gesellschafterversammlung entsandt werden, unterliegen der Weisungsbefugnis der Gemeinde (§ 113 Absatz 1 GO NRW). Die Gesellschafterversammlung wird vom Geschäftsführer einberufen. Die Beschlüsse der Gesellschafterversammlung müssen nicht notariell beurkundet werden.

7.2.3 Aufsichtsrat

Der Aufsichtsrat übernimmt Kontroll- und Überwachungsaufgaben. Ein Aufsichtsrat ist bei der GmbH nicht zwingend einzurichten. Ausnahmen ergeben sich unter Umständen aus den mitbestimmungsrechtlichen Vorschriften (DrittelbG, MitbestG 1976, MontanMitbestG).

Für die Einrichtung eines freiwilligen Aufsichtsrates ist eine Bestimmung in der Satzung der GmbH erforderlich. Die Kompetenzen und Pflichten des Aufsichtsrates können individuell festgelegt werden. In § 52 GmbHG ist der fakultative Aufsichtsrat geregelt. Das GmbH-Gesetz verweist auf diverse Bestimmungen des Aktiengesetzes.

Bei der Besetzung von Aufsichtsräten kommunaler GmbH sind Proporzdenken, erhebliche Personalstärke sowie politische Vorgaben zu beobachten. Die Ursache hierfür ist, dass die Gemeinden die politische Kontrolle über die GmbH erhalten wollen. Das Know How für den Umgang mit privatrechtlichen Rechtsformen ist in der Praxis oft nicht vorhanden. Zu

---

[122] Vgl. Häußermann, Alexander 2004: 82.

beobachten sind Loyalitätskonflikte sowie fehlendes betriebswirtschaftliches Wissen.[123]

Für die kommunalen Aufsichtsräte sind Kenntnisse des Gesellschaftsrechts (GmbHG, AktG) sowie Handelsrecht (HGB) und öffentlich-rechtliche Normen wie GO NRW und Beamtengesetze von elementarer Bedeutung, wenn Sie ihre Kontrollaufgaben kompetent wahrnehmen wollen.

Hauptaufgabe des Aufsichtsrates ist die Überwachung der Geschäftsleitung. Im Wesentlichen besteht die Überwachungsaufgabe aus einer vergangenheitsbezogenen und auf die Zukunft gerichteten Betrachtung. Für eine ordnungsgemäße Kontrolle ist die Beschaffung von Informationen über die Aktivitäten der Gesellschaft notwendig.[124] Thümmel führt aus, dass sachfremde, politisch motivierte Erwägungen die Entscheidungen des Aufsichtsrates fehlerhaft machen können. Als Ursache hierfür nennt er unter anderem fehlende Zeit sowie Kompetenzmängel im Hinblick auf ökonomische Sachverhalte.[125] Der Aufsichtsrat hat den Vorstand zur Erfüllung seiner Pflichten anzuhalten und Schäden von der Gesellschaft abzuwenden.[126] Dieser Pflicht können Abstimmungen mit dem Dienstherrn der Gemeinde oder Fraktion entgegenstehen.[127] Die Aufsichtsräte sollten über Kenntnisse des Geschäftsfeldes und seiner Binnenstruktur verfügen, ebenso wie über den Kundenkreis, die Kapitalgeber und wesentlichen Lieferanten.[128]

Die Gemeinde ist den Aufsichtsräten gegenüber nicht weisungsbefugt. Über Regelungen in der Satzung der GmbH sind Sonderregelungen möglich.[129]

---

[123] Vgl. Thümmel, Roderich 1999: 1891.
[124] Vgl. Thümmel, Roderich 1999: 1892.
[125] Vgl. Thümmel, Roderich 1999: 1892.
[126] BGHZ 135 S. 244; DB 1997 S. 1064.
[127] Vgl. Thümmel, Roderich 1999: 1892.
[128] Vgl. Thümmel, Roderich 1999: 1892.
[129] Vgl. Thümmel, Roderich 1999: 1893.

Gemäß § 52 Absatz 1 GmbHG i. V. m. §§ 93 Absatz 2 AktG, 116 AktG sind die Aufsichtsräte der Gesellschaft gegenüber schadensersatzpflichtig, wenn sie Schäden schuldhaft verursacht haben.

7.3 Wirtschaftsführung und Rechnungswesen

Die GmbH ist eine Handelsgesellschaft (§ 13 Absatz 3 GmbHG). Die Vorschriften des HGB für Kaufleute finden Anwendung (§ 6 Absatz 1 HGB). Die GmbH ist nach § 238 Absatz 1 HGB verpflichtet Bücher zu führen.

Die GmbH hat die handelsrechtlichen Rechnungslegungsvorschriften zu beachten und der Besteuerung zu Grunde zu legen.[130] Das dritte Buch des HGB ist für die Rechnungslegung der GmbH anzuwenden. Das HGB enthält für Kapitalgesellschaften ergänzende Rechnungslegungsvorschriften in den §§ 264 -335b HGB. Nach § 112 Absatz 1 GO NRW i. V. m. §§ 53, 54 HGrG kann die Gemeinde von gemeindeeigenen Kapitalgesellschaften verlangen, eine erweiterte Abschlussprüfung durchführen zu lassen. Der Anspruch der Gemeinde richtet sich ausschließlich gegen die GmbH.[131] Die Erweiterung der Abschlussprüfung nach §§ 53, 54 HGrG optimiert die Kontrolle gegenüber der GmbH.[132] Die Beteiligung an der GmbH ist in den Beteiligungsbericht der Gemeinde aufzunehmen (§ 117 Absatz 1 GemO NRW). Durch den Beteiligungsbericht der Gemeinde soll der Informationsverlust, der durch eine ggf. vorgenommene Organisationsprivatisierung entstanden ist, aufgefangen und so Transparenz hergestellt werden.[133]

---

[130] Siehe hierzu: AEAO zu § 140 AO Buchführungs- und Aufzeichnungspflichten nach anderen Gesetzen.
[131] Vgl. Will, Martin 2002: 321.
[132] Vgl. Will, Martin 2002: 326.
[133] Vgl. Strobel, Brigitte 2004: 478-479.

7.4 Steuerliche Rahmenbedingungen

Für privatrechtlich organisierte Unternehmen der öffentlichen Hand sind die steuerrechtlichen Vorschriften für diese Gesellschaftsformen maßgeblich.[134] GmbH sind qua Rechtsform als Gewerbebetrieb steuerpflichtig (vgl. § 1 Absatz 1 Nr. 1 KStG, § 5 Absatz 1 Satz 1 GewStG, § 2 Absatz 1 UStG). Die GmbH ist unbeschränkt körperschaftsteuerpflichtig, sofern die Geschäftsleitung (§ 10 AO) im Inland ihren Sitz (§ 11 AO) hat (§ 1 Absatz 1 Nr. 1 KStG).

Das körperschaftsteuerliche Einkommen wird nach den Vorschriften des EStG und KStG ermittelt (§ 7 Absatz 2 KStG i. V. m. § 8 Absatz 1 KStG), wobei jedoch bestimmte Vorschriften des EStG nicht anwendbar sind.[135]

Die Überführung von hoheitlichen Tätigkeiten in eine Kapitalgesellschaft ist zulässig. Betriebe, die in eine privatrechtliche Form gekleidet sind, werden nach den für diese Rechtsform geltenden Vorschriften besteuert.

Gemäß § 5 Absatz 1 Nr. 9 KStG sind Körperschaften von der Körperschaftsteuer befreit, die nach der Satzung und nach der tatsächlichen Geschäftsführung ausschließlich und unmittelbar gemeinnützigen, mildtätigen oder kirchlichen Zwecken dienen (§ 51 bis 68 AO). Sofern ein wirtschaftlicher Geschäftsbetrieb vorliegt, ist die Steuerbefreiung insoweit ausgeschlossen.

Der Körperschaftsteuersatz beträgt gemäß § 23 Absatz 1 KStG derzeit 15% des zu versteuernden Einkommens.

Die GmbH unterliegt der Gewerbesteuer. Jeder stehende Gewerbebetrieb, der im Inland betrieben wird, ist gewerbesteuerpflichtig (§ 2 Absatz 1 GewStG). Es muss sich um einen Gewerbebetrieb im Sinne des EStG handeln. Die GmbH ist nach § 2 Absatz 2 Satz 1 GewStG stets als Gewerbebetrieb anzusehen.

---

[134] R 6 Absatz 7 KStR 2004.
[135] R 32 Absatz 1 KStR 2004.

Grundlage für die Besteuerung ist der Gewerbeertrag (§ 7 GewStG) des Kalenderjahres. Maßgeblich ist der nach dem EStG und des KStG zu ermittelnde Gewinn aus dem Gewerbebetrieb. Daneben wird mittels Hinzurechnungen (§ 8 GewStG) und Kürzungen (§ 9 GewStG) der gewerbesteuerliche Gewinn errechnet.

Gemäß § 1 Absatz 1 Nr. 1 UStG liegt ein steuerbarer Umsatz vor, wenn ein Unternehmer im Rahmen seines Unternehmens (§ 2 UStG) eine Lieferung (§ 3 Absatz 1 UStG) oder sonstige Leistung (§ 3 Absatz 9 UStG) an einen anderen Unternehmer im Inland (§ 1 Absatz 2 UStG) gegen Entgelt (§ 10 Absatz 1 Satz 2 UStG) ausführt.

7.5 Personalwirtschaft und Mitbestimmung

Die GmbH besitzt keine Dienstherrenfähigkeit (§ 121 BRRG). Eine Beschäftigung von Beamten ist der GmbH somit nicht möglich. Um nach Privatisierung dennoch eine Weiterbeschäftigung von Beamten ermöglichen zu können, wurden vier Modelle entwickelt:[136]

- Entlassung der Beamten aus dem Beamtenverhältnis und Abschluss von privatrechtlichen Anstellungsverträgen
- Gewährung von Sonderurlaub und Abschluss von privatrechtlichen Anstellungsverträgen
- Dienstleistungsüberlassung oder die
- Zuweisung der Beamten zur Dienstleistung an die GmbH

Hier stellt sich jedoch die Frage, ob die betroffenen Beamten ihren Beamtenstatus aufgeben wollen. Darüber hinaus müsste der Arbeitgeber den Beamten finanziell ausgleichende Rahmenbedingungen anbieten, damit diese bereit wären, ihren Beamtenstatus aufzugeben. Auch müsste eine Nachversicherung (§ 8 Absatz 2 SGB VI) für die betroffenen Beamten erfolgen.

---

[136] Vgl. Steuck, Jens-Peter 1995: 2891.

Für Kapitalgesellschaften findet das Betriebsverfassungsgesetz Anwendung. Bei Erfüllung der Voraussetzungen müsste daher ein Betriebsrat gebildet werden.

7.6 Kommunale Einflussnahme

Das Maß der Einflussnahme der Gemeinde auf die kommunale Eigengesellschaft in der Rechtsform der GmbH ist entscheidend davon abhängig, welche Inhalte in der Satzung der GmbH diesbezüglich geregelt wurden.

Einerseits hat die GmbH zum Teil unternehmerische Aufgaben zu erfüllen, andererseits muss die Gemeinde darauf achten, dass die öffentlich-rechtlichen Interessen durchgesetzt werden können.[137]

Da es sich bei den Rechtsvorschriften des GmbH-Gesetzes weitestgehend um dispositives Recht handelt, kann sich die Gemeinde in der Satzung der GmbH weitgehende Einwirkungsmöglichkeiten sichern.[138] Pitschas et al. sind der Auffassung, dass privatrechtliche Gesellschaften dazu tendieren, der staatlichen Kontrolle zu entgleiten, da sie nicht der staatlichen Aufsicht unterliegen.[139] Insofern muss bei der Erstellung der Satzung darauf geachtet werden, entsprechende Bestimmungen aufzunehmen, die einen Kontrollverlust verhindern.

7.7 Umwandlungsmöglichkeiten

In Nordrhein-Westfalen ist es aufgrund fehlender rechtlicher Möglichkeiten nicht möglich, die Umwandlung einer GmbH in eine Anstalt öffentlichen Rechtes durchzuführen. Das Vermögen der GmbH müsste hierzu im Rahmen einer Einzelrechtsnachfolge an die Gemeinde oder an eine neu gegründete Anstalt öffentlichen Rechtes übertragen werden. Anschließend müsste die GmbH liquidiert werden.[140]

---

[137] Vgl. Häußermann, Alexander 2004: 15.
[138] Vgl. Häußermann, Alexander 2004: 82.
[139] Vgl. Pitschas, Rainer / Schoppa, Katrin 2009: 472.
[140] Vgl. Lübbecke, Barbara 2004: 19.

8 Die Aktiengesellschaft

Bei der Aktiengesellschaft handelt es sich um eine Kapitalgesellschaft mit eigener Rechtspersönlichkeit § 1 Absatz 1 AktG. Die Gesellschaft haftet lediglich mit ihrem Gesellschaftsvermögen (§ 1 Abs. 1 AktG). Das Grundkapital der Aktiengesellschaft beträgt mindestens 50.000,-- Euro (§ 7 AktG) und wird in Aktien zerlegt (§ 1 Absatz 2 AktG).

Die Aktiengesellschaft gilt als Handelsgesellschaft und ist Formkaufmann (§ 3 AktG). Die Gesellschaft ist vom Bestand der Mitglieder unabhängig.

Vorteilhaft ist die Möglichkeit, große Kapitalbeträge am Kapitalmarkt aufbringen zu können. Die Aktiengesellschaft ist damit die bevorzugte Rechtsform für Großunternehmen.

8.1 Gründung der Aktiengesellschaft

Die Gründung einer Aktiengesellschaft durch Gemeinden in NRW darf nur erfolgen, wenn der öffentlichen Zweck nicht ebenso gut in einer anderen Rechtsform erfüllt wird oder erfüllt werden kann (§ 108 Absatz 3 GO NRW)

Für die Gründung der AG ist mindestens eine Person erforderlich (§ 2 AktG). Es ist eine Satzung zu erstellen und notariell beurkunden zu lassen (§ 23 AktG). Die Gründer der Gesellschaft haben einen Gründungsbericht über den Hergang der Gründung zu erstatten (§ 32 Absatz 1 AktG). Eine Gründungsprüfung ist durchführen zu lassen (§ 33 AktG).

Die Gesellschaft ist bei dem Gericht von allen Gründern und Mitgliedern des Vorstandes und des Aufsichtsrates zur Eintragung in das Handelsregister anzumelden (§ 36 AktG).

Die Gesellschaft trifft zahlreiche Mitteilungs- und Bekanntmachungsverpflichtungen (§§ 21, 25 AktG).

8.2 Organe der Aktiengesellschaft

Organe der Aktiengesellschaft sind laut Aktiengesetz der Vorstand (§§ 76 ff. AktG), der Aufsichtsrat (§§ 95 ff AktG) sowie die Hauptversammlung (§§ 118 ff AktG). Die Organe der AG sind im AktG fest abgegrenzt.[141]

8.2.1 Vorstand

Der Vorstand wird durch den Aufsichtsrat bestellt. Der Vorstand der Aktiengesellschaft leitet die Gesellschaft unter eigener Verantwortung und kann aus einer oder mehreren Personen bestehen (§ 76 Absatz 1 und 2 AktG). Die Vertretungsbefugnis des Vorstandes kann nicht beschränkt werden (§ 82 AktG). Damit hat der Vorstand eine eigenverantwortliche Stellung in den Bereichen der Betriebsführung, Betriebsorganisation und Leistungserstellung.[142] Der Vorstand vertritt die AG im Außenverhältnis. Im Innenverhältnis kann in engen Grenzen bestimmt werden, dass bestimmte Geschäfte nur mit Zustimmung des Aufsichtsrates abgeschlossen werden dürfen.

8.2.2 Hauptversammlung

Die Hauptversammlung beschließt über:

- Bestellung der Mitglieder des Aufsichtsrates
- Verwendung des Bilanzgewinns
- Entlastung der Vorstandsmitglieder und des Aufsichtsrates
- Bestellung des Abschlussprüfers
- Satzungsänderungen
- Maßnahmen der Kapitalbeschaffung und Kapitalherabsetzung
- Bestellung von Prüfern zur Prüfung von Vorgängen bei der Gründung oder der Geschäftsführung und
- Auflösung der Gesellschaft

---

[141] Vgl. Landerer, Christoph; Röhricht, Dietmar 1991: 104.
[142] Vgl. Landerer, Christoph; Röhricht, Dietmar 1991: 108.

Die Gemeinde entsendet weisungsgebundene Vertreter in die Hauptversammlung. Die Beschlüsse der Hauptversammlung sind notariell zu beurkunden (§ 130 Absatz 1 Satz 1AktG). Bei nicht börsennotierten Aktiengesellschaften kann unter Umständen die notarielle Beurkundung von Hauptversammlungsbeschlüssen durch eine vom Vorsitzenden des Aufsichtsrates zu unterzeichnende Niederschrift ersetzt werden (§ 130 Absatz 1 Satz 3 AktG).

8.2.3 Aufsichtsrat

Aufgabe des Aufsichtsrates ist es, den Vorstand zu überwachen. Im öffentlichen Bereich können zustimmungspflichtige Geschäfte festgelegt werden (bspw.: Tariffestlegungen bei Verkehrsbetrieben, Versorgungstarife für Energielieferungen etc.)[143] Der Aufsichtsrat der Aktiengesellschaft besteht aus mindestens drei Mitgliedern. Die Mitglieder des Aufsichtsrates werden von der Hauptversammlung gewählt. Über die Mitbestimmungsgesetze kann es dazu kommen, dass weitere Mitglieder in den Aufsichtsrat entsandt werden. Die Mitglieder des Aufsichtsrates wählen aus ihrer Mitte einen Aufsichtsratsvorsitzenden. Die Aufsichtsräte unterliegen der Verschwiegenheit über erhaltene Berichte und vertrauliche Beratungen (§ 116 AktG). Bei kommunalen Aktiengesellschaften gelten jedoch hinsichtlich der entsandten Aufsichtsratsmitglieder Sondervorschriften (§ 394 AktG). Der Gemeinde gegenüber sind die entsandten Aufsichtsratsmitglieder nicht an die Verschwiegenheitspflicht gebunden, wenn sie Berichte zu erstatten haben. Dies gilt jedoch nicht für Betriebs- oder Geschäftsgeheimnisse der Aktiengesellschaft. Personen, die die Beteiligungen einer Gemeinde verwalten, unterliegen der Verschwiegenheitspflicht nach § 395 AktG. Öffentliche Aufsichtsratssitzungen sind somit ausgeschlossen. In den Regierungsentwürfen zur Aktienrechtsnovelle 2012 war die Öffnung der Aufsichtsratssitzungen noch vorgesehen. Die kommunalen Spitzenverbände und die VKU haben jedoch interveniert und die Neufassung des § 394 AktG wurde wieder entfernt.[144]

---

[143] Vgl. Landerer, Christoph; Röhricht, Dietmar 1991: 105.
[144] Vgl. Bettenburg, Thomas / Weirauch, Boris 2012: 352-356.

8.3 Wirtschaftsführung und Rechnungswesen

Das Vermögen der Aktiengesellschaft ist vom Haushalt der Gemeinde getrennt. Als privat-rechtliche Gesellschaft können keine Beamten beschäftigt werden. Folglich finden Besoldungsordnungen und Personalvertretungsrecht der öffentlichen Hand keine Anwendung. Der Vorstand der Aktiengesellschaft hat dafür Sorge zu tragen, dass die erforderlichen Handelsbücher geführt werden. Weiterhin hat der Vorstand geeignete Maßnahmen zu treffen, insbesondere ein Überwachungssystem einzurichten, damit den Fortbestand der Gesellschaft gefährdende Entwicklungen früh erkannt werden (§ 91 AktG).

Die Rechtsform der Aktiengesellschaft verursacht im Vergleich zu anderen Rechtsformen immense Verwaltungsaufwendungen. Die Rechtsform eignet sich damit überwiegend nur für große Gesellschaften. Kleine und mittlere Gemeinden sind dieser Rechtsform oft nicht gewachsen.[145] Die Beteiligung an der AG ist in den Beteiligungsbericht der Gemeinde aufzunehmen (§ 117 Absatz 1 GemO NRW). Die Abschlussprüfung kann nach § 112 Absatz 1 GemO NRW i. V. m. §§ 53, 54 HGrG, wie bei der GmbH, erweitert werden.

8.4 Steuerliche Rahmenbedingungen

Für die Aktiengesellschaft gelten als juristische Person des Privatrechts dieselben steuerlichen Verpflichtungen wie für die GmbH. Es wird auf die Erläuterungen des Unterabschnittes 7.4 verwiesen.

8.5 Kommunale Einflussnahme

Da der Vorstand der Gesellschaft die Gesellschaft eigenverantwortlich leitet (§ 76 Absatz 1 AktG), ist es nicht möglich, dem Vorstand Weisungen zu erteilen. Die Zuständigkeit der Organe der Aktiengesellschaft ist nach

---

[145] Vgl. Schraffer, Heinrich 1993: 59; Vgl. Cronauge, Ulrich;Westermann, Georg 2006: 117 Rn 204.

AktG kein dispositives Recht. Im Vergleich zu der GmbH ist es weitaus schwieriger, die Satzung im Hinblick auf die kommunale Einflussnahme auszurichten.

Über das Konzernrecht und den Abschluss von Beherrschungsverträgen (§§ 15 ff. i. V. m. 291, 308 ff. AktG) kann dieser Umstand jedoch umgangen werden, da die Gemeinden als Unternehmen i. S. d. §§ 15 ff. AktG anzusehen sind.

9 Bewertung der Rechtsformen im Vergleich

9.1 Regiebetrieb

Der Regiebetrieb ist organisatorisch und wirtschaftlich von allen Rechts- und Organisationsformen am stärksten in die Gemeindeverwaltung und den Haushalt integriert. Die Vorschriften für den Gemeindehaushalt sind zu beachten (GemHVO NRW). Es gilt das Gesamtdeckungsprinzip. Die Erträge des Regiebetriebes können daher auch für andere Zwecke verwendet werden (z. B. Tilgung v. Krediten). Aus der Sicht des Regiebetriebes ist dies ein Nachteil, da erwirtschaftete Mittel verloren gehen. Der Regiebetrieb verfügt im Gegensatz zu den anderen Rechts- und Organisationsformen über keine eigenen Leitungsorgane. Unter Abwägung aller Vor- und Nachteile ist daher der Regiebetrieb nur für Einrichtungen mit geringem Umfang geeignet. Aus steuerrechtlicher Sicht gelten die selben Vorschriften wie für Eigenbetrieb, Anstalt öffentlichen Rechts sowie Zweckverband.

9.2 Eigenbetrieb

Der Eigenbetrieb ist rechtlich unselbständig. Für Eigenbetriebe existiert im Gegensatz zum Regiebetrieb eine eigene Betriebsleitung. Darüber hinaus verfügt die Betriebsleitung über eigene Wirtschafts- und Entscheidungsbefugnisse. Der Eigenbetrieb stellt im Gegensatz zum Regiebetrieb Sondervermögen der Gemeinde dar und besitzt ein eigenes Finanzierungssystem und eigene Kreditwirtschaft (Einzeldeckungsprinzip). Das Rechnungswesen wird eigenverantwortlich vom Eigenbetrieb geführt. Über eine eigene Kosten- und Leistungsrechnung werden verlässliche Entscheidungen möglich, die auf betriebswirtschaftlichen Grundsätzen beruhen. Der Eigenbetrieb stellt einen nach handelsrechtlichen Gesichtspunkten aufgestellten Jahresabschluss auf. Die Buchführung wird doppisch geführt. Die Planung ist flexibler als nach der GemHVO NRW und wird nach kaufmännischen Grundsätzen aufgestellt. Vereinbarungen zwischen Trägergemeinde und Eigenbetrieb werden steuerrechtlich anerkannt. Gegebenenfalls können Eigenbetriebe zusammengefasst werden, wenn sie gleichartig sind. Liegt ein Betrieb gewerblicher Art vor, ist der Eigenbetrieb mit dem BgA in der Regel körperschaftsteuer- und umsatzsteuerpflichtig. Handelt es sich um einen Gewerbebetrieb, ist der Eigenbetrieb auch gewerbesteuerpflichtig.

9.3 Zweckverband

Der Zweckverband dient der interkommunalen Zusammenarbeit. Im Vergleich zu Regiebetrieb und Eigenbetrieb gibt es keine wesentlichen Unterschiede bezogen auf Betriebsführung, Rechnungswesen, Mitbestimmung und Besteuerung. Die für den Regie-/Eigenbetrieb beschriebenen Vor- und Nachteile gelten im Vergleich zu den privatrechtlichen Gesellschaften GmbH und AG ebenso.

Vorteilhaft kann sein, dass sich die Gemeinden bestimmter Aufgaben durch die Mitgliedschaft in einem Zweckverband entledigen können. Dies ist bei den privatrechtlichen Gesellschaften nicht möglich. GmbH und AG verfügen nicht über hoheitliche Kompetenzen.

Größere Unterschiede gibt es hinsichtlich des politischen Überbaus des Zweckverbandes sowie die vorhandene Rechtsfähigkeit.

Wie die statistischen Daten zum Zweckverband gezeigt haben, ist die Anzahl der Zweckverbände in NRW im Laufe der Zeit immer weiter zurückgegangen. Dies darf jedoch nicht dazu verleiten anzunehmen, dass diese Rechtsform an Bedeutung verloren hat.

Für hoheitliche Aufgaben, die von mehreren Kommunen zu bewältigen sind, kommt der Zweckverband als Körperschaft des öffentlichen Rechts weiterhin als Rechtsform in Frage. Vorteilhaft wirken sich die eigene Rechts- und Dienstherrenfähigkeit aus.

Die gemeinsame Bewältigung von kommunalen Aufgaben kann zur Reduzierung finanzieller Belastungen der Zweckverbandsmitglieder führen. Jedoch ist zu beachten, dass die Zweckverbandsmitglieder sich die höhere Wirtschaftlichkeit durch Machtabgabe und Kontrollverlust erkaufen. Im Laufe der Zeit kann es vorkommen, dass ein Verbandsmitglied mit der Mitgliedschaft im Verband unzufrieden ist, weil leistungsfähigere Mitglieder versuchen könnten, ihre Interessen innerhalb des Verbandes durchzusetzen und kleinere Gemeinden zu benachteiligen. Der Austritt aus einem Zweckverband gestaltet sich als besonders schwierig. Auch der Ausschluss von Mitgliedern aus dem Zweckverband gestaltet sich als schwierig, da Verbandsversammlung bzw. Aufsichtsbehörde zu entscheiden haben.

Der Zweckverband ist kreditwürdiger als eine Gesellschaft mit beschränkter Haftung.[146] Kommunalkredite stehen dem Zweckverband zinsgünstig zur Verfügung. Zweckverbände verfügen oft über kapitalintensive Anlagen. Die einzelnen Gemeinden wären bei eigenständiger Aufgabenerfüllung finanziell überfordert. Die gemeinsame Betätigung über einen Zweckverband kann für die einzelne Gemeinde kostengünstiger sein. Kapitalintensive Anlagen, wie sie z. B. bei Abwasserzweckverbänden vorkommen, oder der Betrieb eines gemeinsamen Rechenzentrums (Beschaffung von Großrechner-Anlagen und der Erwerb teurer Softwarelizenzen für ERP-Systeme), sind über einen Zweckverband wirtschaftlicher.

---

[146] Vgl. Luppert, Jürgen 2000: 71.

9.4 Anstalt des öffentlichen Rechts

Für die Anstalt öffentlichen Rechtes spricht die eigene Rechtspersönlichkeit. Darüber hinaus ist sie nicht in die in Gemeindeverwaltung integriert. Damit verfügt die Anstalt öffentlichen Rechts über eine größere Selbständigkeit gegenüber der Gemeinde im Vergleich zu Eigen- und Regiebetrieb. Aber auch gegenüber GmbH und AG kann die Anstalt öffentlichen Rechts vorteilhafter sein, da Anschluss- und Benutzungszwänge festgelegt und Kommunalabgaben durch die Anstalt erhoben werden können. Der Einfluss der Gemeinde bleibt gewährleistet. Die Anstalt öffentlichen Rechts verfügt über eindeutig abgegrenzte Zuständigkeiten der Organe.[147] Durch die hohe Eigenständigkeit sind eine effiziente Entscheidungsfindung und die Beschleunigung von Betriebsabläufen möglich. Die Führung der Anstalt des öffentlichen Rechts ist genau so flexibel möglich, wie bei der GmbH. Im hoheitlichen Bereich fallen im Vergleich zu den privatrechtlichen Kapitalgesellschaften weder Körperschaftsteuer, Gewerbesteuer und Umsatzsteuer an. Die Anstalt öffentlichen Rechts kann Satzungen erlassen. Die Gestaltung der Satzung kann individuell vorgenommen werden, hierdurch ergibt sich ein weiterer Vorteil gegenüber Eigenbetrieb und bundesrechtlich definierter GmbH und AG.[148] Nachteilig wirken sich die Regelungsarmut und Unschärfe im Kommunalrecht aus, darüber hinaus gibt es viele ungeklärte Fragen. Es fehlen spezifische Umstrukturierungsvorschriften daher sollten die Gemeinden nicht vorschnell Anstalten öffentlichen Rechts gründen bzw. Eigen- und Regiebetriebe in Anstalten öffentlichen Rechts umwandeln.

9.5 GmbH

Die GmbH verfügt über eine eigene Rechtspersönlichkeit und ist damit wirtschaftlich und organisatorisch selbständig. Bedingt hierdurch sind Entscheidungen flexibler und zügiger herbeizuführen. Darüber hinaus ist die GmbH als privat-rechtliche Rechtsform nicht an die kommunalen Vergabe-

---

[147] Vgl. Gaß, Andreas 2003: 63.
[148] Vgl. Mann, Thomas 1996: 558.

bestimmungen gebunden, d. h. Ausschreibungen müssen von der GmbH nicht durchgeführt werden. Die GmbH ist nicht an die dienstrechtlichen Bestimmungen gebunden und kann daher leistungs- und erfolgsabhängige Vergütungssysteme einführen. Die Sitzungen der Gesellschafterversammlungen können nicht-öffentlich durchgeführt werden. Die Rechtsform der GmbH eignet sich auch dazu, private Investoren für eine Beteiligung an der Gesellschaft zu gewinnen. Nachteilig wirkt sich ggf. die Besteuerung der GmbH aus, weil die GmbH kraft Rechtsform der Körperschaft- und Gewerbesteuer unterliegt und in der Regel auch umsatzsteuerpflichtig ist. Die Gemeinde hat in der GmbH eine starke Eigentümerstellung. Umfangreiche Gestaltungsmöglichkeiten im Hinblick auf den Gesellschaftsvertrag sind möglich. Die Möglichkeiten werden in der Praxis jedoch nicht ausreichend genutzt.[149] Die parlamentarische Kontrolle ist geringer als bei Eigenbetrieb und Regiebetrieb.

9.6 Aktiengesellschaft

Aufgrund der umfangreichen und komplexen aktienrechtlichen Vorschriften ist die Aktiengesellschaft für kleinere und mittlere Gemeinden nicht die erste Wahl. Die Kosten für die Gründung und laufende Betriebsführung sind im Vergleich zu den anderen Rechts- und Organisationsformen besonders hoch. Die Aktiengesellschaft wird sich in der Regel nur für sehr große Gesellschaften mit umfangreichem Anlagevermögen eignen. Falls beabsichtigt ist, die Gesellschaft zu einem späteren Zeitpunkt zu veräußern ist es aufgrund der Möglichkeit Aktien auszugeben relativ einfach möglich, eine Privatisierung durchzuführen. Steuerlich ist die Aktiengesellschaft wie die GmbH auch kraft Rechtsform körperschaftsteuer- und gewerbesteuerpflichtig. In der Regel unterliegen die Leistungen der Gesellschaft auch der Umsatzbesteuerung. Vorsteuer kann in Abzug gebracht werden.

---

[149] Vgl. Landerer, Christoph; Röhricht, Dietmar 1991: 111.

Die Einflussnahme der Gemeinde auf die Geschäftspolitik der Aktiengesellschaft ist schwierig, da der Vorstand der Aktiengesellschaft die Gesellschaft eigenverantwortlich führt und damit von allen zur Verfügung stehenden Rechts- und Organisationsformen die Autonomie der Geschäftsleitung am besten gewährleistet.[150]

Luppert ist der Ansicht, dass die Gründung einer Aktiengesellschaft für die gemeinschaftliche Erfüllung von kommunalen Aufgaben vermieden werden sollte.[151]

10 Fazit und Ausblick

Der abschließende Teil dieser Untersuchung fasst die Ergebnisse zusammen. Das Ziel der Untersuchung war die Darstellung der für die wirtschaftliche Betätigung der Gemeinden in NRW geltenden relevanten Rechts- und Organisationsformen. Außerdem wurde aufgezeigt, unter welchen Bedingungen sich die Gemeinden wirtschaftlich betätigen dürfen. Hierzu wurden im ersten Teil die dafür geltenden Regelungen des Grundgesetzes sowie der Gemeindeordnung des Landes Nordrhein-Westfalen erläutert. Anschließend wurden die bedeutsamsten Rechts- und Organisationsformen des Privatrechts sowie des öffentlichen Rechts dargestellt und die für die Wahl der Rechtsform relevanten Kriterien erläutert.

Die Rechts- und Organisationsformen wurden danach miteinander verglichen und die Eignung für die wirtschaftliche Tätigkeit untersucht.

Im Anhang der Untersuchung_befindet sich eine zusammenfassende tabellarische Darstellung der einzelnen Rechts- und Organisationsformen, die für die Rechtsformwahl in dieser Untersuchung behandelt wurden.

---

[150] Vgl. Gaß, Andreas 2003: 64.
[151] Vgl. Luppert, Jürgen 2000: 61.

Die Unterschiede zwischen privatrechtlichen und öffentlich-rechtlichen Rechts- und Organisationsformen sind geringer als vermutet. Spielt bei der Rechtsformwahl im privatwirtschaftlichen Bereich die Besteuerung der jeweiligen Rechtsform eine wesentliche Rolle, können im öffentlich-rechtlichen Bereich kaum Unterschiede im Vergleich zu privatwirtschaftlicher Betätigung aufgrund des Gleichbehandlungsgrundsatzes festgestellt werden. Die öffentlich-rechtlichen Organisationsformen sind, sofern eine hoheitliche Betätigung vorliegt, von der Körperschaftsteuer, Gewerbesteuer sowie Umsatzsteuer befreit. Nachteilig wirkt sich aus, dass Vorsteuer nicht anrechenbar ist.

Die Besteuerung der kommunalen Unternehmen ist nahezu identisch im Vergleich zu privatwirtschaftlichen Rechtsformen. Der alleinige Fokus auf die Besteuerung bei der Rechtsformwahl ist daher heute nicht mehr gerechtfertigt. Gegen die Änderung der Rechtsform aufgrund von steuerlichen Überlegungen spricht auch, dass das Steuerrecht häufigen Änderungen ausgesetzt ist. Die Wahl einer Rechts- und Organisationsform wird hingegen langfristig ausgewählt. Die Bildung eines Querverbundes ist nur noch eingeschränkt möglich. Steuerliche Ersparnisse können sich ggf. durch die Zusammenfassung von Eigenbetrieben und Betrieben gewerblicher Art, Bildung von steuerlichen Organschaften oder Betriebsaufspaltung ergeben. Dies wäre im Einzelfall zu prüfen.

Privatwirtschaftliche Rechtsformen bieten sich an, wenn beabsichtigt wird, private Anteilseigner zu beteiligen oder eine spätere Privatisierung bzw. Veräußerung eines Unternehmens beabsichtigt wird.

Es muss berücksichtigt werden, dass öffentliche Unternehmen zum Teil andere Zielsetzungen verfolgen als privatwirtschaftliche Unternehmen. So werden bspw. im öffentlichen Sektor auch Wirtschafts-, Arbeitsmarkt-, sozial- und umweltpolitische Zielsetzungen verfolgt.[152] Diese Zielsetzungen unterscheiden sich im Vergleich zur Privatwirtschaft. Hier herrscht als

---

[152] Vgl. Landerer, Christoph; Röhricht, Dietmar 1991:26.

Oberziel oft die Gewinnmaximierung. Die gemeinwirtschaftlichen Ziele lassen sich mittels privatrechtlicher Gesellschaften wie GmbH und AG unter Umständen nicht mehr realisieren. Auch ist es schwierig, öffentliche Unternehmen an privatwirtschaftlichen Maßstäben auszurichten. Dies kann zu fatalen Ergebnissen führen.

Aufgrund der Bestimmungen in der Gemeindeordnung ist es oft schwierig, die öffentlichen Betriebe mit den notwendigen Ressourcen auszustatten. Dies kann dazu führen, dass Betriebsleitungen mit Parteikollegen besetzt werden und somit betriebswirtschaftliches Know-how fehlt, Tarife und Angebotsbedingungen sich nicht an wirtschaftlichen, sondern an politischen Maßstäben orientieren (bspw. Wahlgeschenke) und keine Ergebnisverantwortung der Unternehmensleitung existiert.

Die öffentlich-rechtlichen Betätigungsformen können, ebenso wie privatrechtliche Rechtsformen, effizient und flexibel geführt werden, wenn qualifiziertes Personal gewonnen und gehalten werden kann und bei der Erstellung der Satzung für die jeweilige Rechts- bzw. Organisationsform darauf geachtet wird, dass der Leitung des Betriebes entsprechende Kompetenzen und Entscheidungsspielräume zugebilligt werden.

Die Einflussnahme auf kommunale Eigengesellschaften in der Rechtsform der GmbH kann durch entsprechende Gestaltung des Gesellschaftsvertrages und des Geschäftsführer-Anstellungsvertrages aufgrund des dispositiven GmbH-Rechtes sichergestellt werden.

Der Zweckverband ist für die interkommunale Zusammenarbeit aufgrund der unflexiblen Führungsorganisation schlecht zu führen, bietet jedoch Vorteile bei kapitalintensiven Betätigungen sowie bei der Entledigung von kommunalen Aufgaben.

Das Ausweichen auf privatrechtliche Rechtsformen kann im Einzelfall begründet sein, letztlich muss jedoch darauf geachtet werden, dass sich die Gemeinde nicht vorschnell für eine privatrechtliche Rechtsform entscheidet, nur weil diese Rechtsformen in der Privatwirtschaft Verwendung findet und als modern oder fortschrittlich gilt.

Dass öffentlich-rechtliche Rechts- und Organisationsformen unflexibel sind, kann nicht bestätigt werden. Vielmehr kommt es darauf an, die Rahmenbedingungen so festzulegen, dass die gewünschten Ziele umgesetzt werden können. Davon wird in der Praxis nicht ausreichend Gebrauch gemacht.

Private Rechtsformen wie GmbH und AG sind im Hinblick auf die Zielsetzungen öffentlicher Unternehmen überwiegend nachteilig.

Die Gemeinden haben in den letzten Jahren vermehrt privatrechtliche Rechtsformen statt öffentlich-rechtliche Rechtsformen genutzt. Überwiegend wurden dabei die GmbH und die AG als Rechtsform genutzt.[153] Die Aktiengesellschaft ist für kleine und mittlere Gemeinden als Rechtsform ungeeignet. Die GmbH bietet die Möglichkeit, den Gesellschaftsvertrag überwiegend frei zu gestalten. Bei der AG ist dies aufgrund der Satzungsstrenge (§ 23 Abs. 5 AktG) nicht so flexibel möglich.

Ertragsstarke, erfolgreich geführte kommunale Unternehmen werden zum Teil von den Gemeinden genutzt, um sie als Einnahmequelle zu missbrauchen. Als Beispiele lassen sich anführen:[154]

- die Entnahme von Gewinnen
- die Bildung von Querverbundskonstrukten, um Zuschussbedarf zu decken
- die Erhebung von Konzessionsabgaben, die auch nicht immer realitätsnah kalkuliert wurden
- die Darlehensgewährung mit Verzinsung (Schütt-aus-hol-zurück-Politik)

---

[153] Vgl. Schneeloch, Dieter 1997: 10.
[154] Vgl. Landerer, Christoph; Röhricht, Dietmar 1991: 24.

- die Zahlung zu geringer Entgelte für Leistungen der öffentlichen Unternehmen
- die Berechnung zu hoher Gemeinkosten für Leistungen des Kernhaushaltes an die Unternehmen und
- die Nichtgewährung von erforderlichen Finanzmitteln

Es sollte darauf geachtet werden, dass solche Vorgänge im Bereich der öffentlich-rechtlichen Unternehmen nicht stattfinden können. Gesellschaftsverträge, Satzungen, Dienstanweisungen etc. sollten entsprechende Bestimmungen hierzu enthalten.

Ändern sich die politischen Mehrheitsverhältnisse im Gemeinderat, kann es zu massiven Auswirkungen auf die Gesellschaften kommen. Die GmbH unterliegen nicht der Verwaltungskontrolle.

Bei der Verwendung der Aktiengesellschaft als Rechtsform muss ein Aufsichtsrat eingerichtet werden (§ 95 AktG), während bei der GmbH ein Aufsichtsrat eingerichtet werden kann.

Bei der AG handelt es sich um eine wenig geeignete Rechtsform. Diese Rechtsform kommt nur für sehr kapitalintensive Unternehmen in Frage. Weitere Gründe, die gegen die AG als Rechtsform sprechen, sind ein höherer Verwaltungsaufwand sowie höhere Kosten im Vergleich zur GmbH bzw. den öffentlich-rechtlichen Rechts- bzw. Organisationsformen. Kleine Gemeinden sollten die Rechtsform der AG aufgrund des hohen Verwaltungsaufwandes sowie der umfangreichen Vorschriften nicht verwenden.

Kommt es bei der Führung eines Betriebes auf eine betriebswirtschaftliche Ausrichtung unter Beachtung von Wirtschaftlichkeit und Rentabilität an, so eignen sich privatrechtliche Rechts- und Organisationsformen besser als öffentlich-rechtliche Organisationsformen, da die Führung flexibler möglich ist. Eine unwirtschaftliche Betriebsführung hat selbst über einen langen Zeitraum keine Auswirkung auf die Führung dieser Organisationen. Das starre Dienstrecht verhindert den Einsatz von qualifiziertem Personal mit betriebswirtschaftlichem Know-how. Beamte, die mit der Führung solcher Organisationseinheiten betraut sind, können nicht für ihr Engagement belohnt bzw. über entgeltliche Anreize zusätzlich motiviert werden. Eine Entlassung ist ebenfalls nicht ohne Weiteres möglich.

Zwar verfügen die öffentlichen Regie- und Eigenbetriebe heute über sehr leistungsfähige ERP-Software und im Rahmen der kommunalen Doppik auch mittlerweile über weitaus bessere Steuerungsmöglichkeiten als es die kamerale Buchführung ermöglichte, trotzdem mangelt es oft an betriebswirtschaftlichem Know-how bzw. an der Interpretation betriebswirtschaftlicher Kennzahlen, die sich aus der Buchführung bzw. Kosten- und Leistungsrechnung ableiten lassen. Hier besteht nach wie vor erhebliches Optimierungspotenzial.

Eigen- und Regiebetriebe können ihre Daseinsberechtigung haben, wenn es darauf ankommt, die Kosten für die Trägergemeinde gering zu halten.

In den letzten Jahren ist ein starker Trend zur Rekommunalisierung erkennbar. Zuvor privatisierte oder veräußerte Unternehmen wie z. B. kommunale Stadtwerkeunternehmen[155] wurden zurückgekauft oder neu gegründet.

Bei der Gründung von Kapitalgesellschaften können erhebliche Kosten für die Gründung der Gesellschaften entstehen. Die Gesellschaftsverträge für die GmbH sind zu beurkunden, ebenso die Satzung für die Aktiengesellschaft. Die Erstellung der Jahresabschlüsse wird in der Regel von Steuerberatern übernommen. Außerdem sollten sich die Gemeinden bei der Gründung von Kapitalgesellschaften steuerlich und gesellschaftsrechtlich beraten lassen. Die Bedeutung der einmal anfallenden Gründungskosten

---

[155] So veräußerte 2002 bspw. die Stadt Bielefeld 49,9% der Stadtwerke Bielefeld GmbH an die swb AG und kaufte im Mai 2012 die Anteile zurück. Quelle: Neue Westfälische Zeitung vom 12.05.2012.

sollten jedoch andererseits nicht überbewertet werden, da sich durch eine steuerliche bzw. gesellschaftsrechtliche Beratung auch finanzielle Vorteile ergeben können (Vermeidung von verdeckten Gewinnausschüttungen, Steueroptimierung etc.). Die laufenden Kosten sollten dagegen stärker beachtet werden (Erstellung und Prüfung von Jahresabschlüssen, Veröffentlichungskosten, Beurkundungskosten).

Die Wahl einer bestimmten Rechts- bzw. Organisationsform hängt entscheidend von der Gewichtung der einzelnen Entscheidungskriterien ab. Eine sorgfältige Abwägung aller in Betracht kommenden Kriterien unter Berücksichtigung der jeweiligen Zielsetzungen ist vorzunehmen. Eine Empfehlung für eine bestimmte Rechts- bzw. Organisationsform kann hier jedoch nicht abgegeben werden, da die Anforderungen je nach Betätigungszweck der jeweiligen Organisation zu vielgestaltig sind und im Einzelfall untersucht werden müssen. Um die Auswahl der Rechts- bzw. Organisationsform zu erleichtern sollten Checklisten mit den relevanten Kriterien erstellt werden. Bei komplexen Entscheidungen kann ggf. die Nutzwertanalyse für die Bewertung der Kriterien verwendet werden.

Quellenverzeichnis

Ade, Klaus et al., Kommunales Wirtschaftsrecht in Baden-Württemberg - Systematische Darstellung zur Finanzwirtschaft der Kommunen, 8. Aufl., Stuttgart 2011.

Ahmann, Verena, Öffentlich- und privatrechtliche Organisationsformen kommunaler Einrichtungen der Daseinsvorsorge - Eine rechtsvergleichende Untersuchung am Beispiel der Abwasserbeseitigung in Deutschland und den Vereinigten Staaten von Amerika, Münster 2009 (zugl. Diss. Münster 2009).

Bettenburg, Thomas / Weirauch, Boris, Transparenz nicht um jeden Preis? - Gesetzentwurf zur Aktienrechtsnovelle 2012 über die Teilnahme der Öffentlichkeit bei Aufsichtsratssitzungen kommunaler Unternehmen, DÖV 2012, 352–356.

Brandt, Jürgen, Die wirtschaftliche Betätigung der öffentlichen Hand, Jena 1929.

Busse et al., Praxis der Kommunalverwaltung – Landesausgabe Nordrhein-Westfalen (Loseblattsammlung), Wiesbaden Stand Oktober 2009.

Cronauge, Ulrich / Westermann, Georg, Kommunale Unternehmen - Eigenbetriebe - Kapitalgesellschaften – Zweckverbände, 5. Aufl., Berlin 2006.

David, Hans-Joachim, Wettbewerbsrechtliche Ansprüche gegen Betätigung von Kommunen und deren Gesellschaften, NVwZ 2000, 738–743.

Dolzer, Rudolf / Vogel, Klaus, Bonner Kommentar zum Grundgesetz, Heidelberg Stand Juni 2012.

Ehlers, Dirk, Verwaltung in Privatrechtsform, Berlin 1984 (zugl. Habil. Nürnberg 1984).

Eichhorn, Peter, Struktur und Systematik kommunaler Betriebe, Stuttgart 1969.

Gaß, Andreas, Die Umwandlung gemeindlicher Unternehmen - Entscheidungsgründe für die Wahl einer Rechtsform und Möglichkeiten des Rechtsformwechsels, Stuttgart 2003.

Goedecke, Wolfgang / Kerl, Volkher, Die deutschen Hypothekenbanken – Pfandbrief, Realkredit, Kommunalkredit, 3. Aufl., Frankfurt am Main 1990.

Grooterhorst, Johannes, Wo liegt die Grenze der Zulässigkeit der wirtschaftlichen Betätigung von Kommunen?, DÖV 2004, 685–690.

Haibt, Alexander, Die Gestaltung von GmbH-Verträgen kommunaler Eigengesellschaften in Nordrhein-Westfalen, Berlin 1999 (zugl. Diss. Münster 1998.

Hauser, Werner, Die Wahl der Organisationsform kommunaler Einrichtungen - Kriterien für die Wahl privatrechtlicher und öffentlich -rechtlicher Organisationsformen, Köln 1987.

Häußermann, Daniel Alexander, Die Steuerung der kommunalen Eigengesellschaft, Stuttgart 2004 (zugl. Diss. Tübingen 2004).

Kappelmaier, Kurt, Die Wahl der Rechtsform kommunaler Wirtschaftsbetriebe, Diss. München 1969.

Klocksin, André, Die Besteuerung von Betrieben gewerblicher Art der Gemeinden am Beispiel einer baden-württembergischen Gemeinde, 1. Aufl., München 2012.

Kornblum, Udo, Alle kaufmännischen öffentlichen Unternehmen müssen sich in das Handelsregister eintragen lassen, DÖV 2012, 20–24.

Kulosa, Marco, Die Steuerung wirtschaftlicher Aktivitäten von Kommunen - Eine betriebswirtschaftliche Analyse, 1. Aufl., Stuttgart 2003.

Landerer, Christoph / Röhricht, Dietmar, Zur Betriebsführung und Rechtsform öffentlicher Unternehmen, Köln 1991.

Leitzen, Mario, Die Umwandlung kommunaler Eigengesellschaften und Regie- und Eigenbetriebe aus zivilrechtlicher und notarieller Sicht, MittBayNot 2009, 353–361.

Lepper, Markus, Die Ausgliederung kommunaler Unternehmen in der notariellen Praxis, RNotZ 2006, 313–340.

Lübbecke, Barbara, Das Kommunalunternehmen - Neue Organisationsform im kommunalen Wirtschaftsrecht von Nordrhein-Westfalen, Stuttgart 2004 (zugl. Diss. Münster 2003).

Luppert, Jürgen, Der kommunale Zweckverband - Eine Form interkommunaler Zusammenarbeit, Diss. Heidelberg 2000.

Mann, Thomas, Die "Kommunalunternehmen" - Rechtsformalternative im kommunalen Wirtschaftsrecht, NVwZ 1996, 557–558.

Mühlenkamp, Holger, Öffentliche Unternehmen, München 1994.

O. V., Besteuerung der juristischen Personen des öffentlichen Rechts - Arbeitshilfe, Oberfinanzdirektion Münster, 7. Aufl., Münster 2012.

Pitschas, Rainer / Schoppa Katrin, Rechtsformen kommunaler Unternehmenswirtschaft, DÖV 2009, 469–477.

Schmidt, Thorsten Ingo, Kommunale Kooperation - Der Zweckverband als Nukleus des öffentlich-rechtlichen Gesellschaftsrechts, Tübingen 2005.

Schneeloch, Dieter, Rechtsformwahl und Rechtsformwechsel mittelständischer Unternehmen.- Auswahlkriterien, Steuerplanung, Gestaltungsempfehlungen, 1. Aufl., Herne 1997.

Schraffer, Heinrich, Der kommunale Eigenbetrieb - Untersuchungen zur Reform der Organisationsstruktur, Baden-Baden 1993 (zugl. Diss. Saarbrücken 1991).

Seibold-Freund, Sabine, Besteuerung von Kommunen - Regiebetrieb, Eigenbetrieb und kommunale GmbH im Ertragsteuer-, Grundsteuer-, Umsatzsteuer- und Gemeinnützigkeitsrecht, Berlin 2008.

Steffen, Urban, Der Betrieb gewerblicher Art - Die Zusammenfassung von wirtschaftlichen Tätigkeiten der juristischen Personen des öffentlichen Rechts, Sinzheim 2001 (zugl. Diss. Münster 2001).

Steuck, Jens-Peter, Die privatisierende Umwandlung - Zur Ausgliederung von Regie- und Eigenbetrieben der Gebietskörperschaften u. a. nach dem neuen Umwandlungsrecht, NJW 1995, 2887–2892.

Strobel, Brigitte, Der Beteiligungsbericht als Informationsinstrument des Gemeinderats, DÖV 2004, 477–482.

Thümmel, Roderich C, Aufsichtsräte in Unternehmen der öffentlichen Hand - professionell genug?, DB 1999, 1891–1893.

Will, Martin, Die besonderen Prüfungs- und Unterrichtungsrechte der Gemeinden gegenüber ihren Kapitalgesellschaften aus §§ 53,54 HGrG, DÖV 2002, 319–326.

Rechtsprechungsverzeichnis

Gericht, Art der Entscheidung, Datum		Aktenzeichen	Fundstelle
BVerwG	Urt. vom 27.05.2009	8 C 10.08	
BVerwG	Urt. vom 22.02.1972	I C 24.69	
BGHZ	Urt. vom 21.04.1997	II ZR 175/95	DB 1997 S. 1064
OVG Münster	Beschl. vom 13.08.2003	15 B 1137/03	DVBl. 2004, S. 133
BFH	Urt. vom 08.07.1971	V R 1/68	BStBl. 1972 II, 70
BFH	Urt. vom 10.07.1962	I 164/59 S	BStBl. 1962 III, 448
BFH	Urt. vom 16.01.1967	Gr. S. 4/66	BStBl. II, S. 240
BFH	Urt. vom 13.03.1974	I R 7/71	BStBl. 1974 II, 391
BFH	Urt. vom 22.09.1976	I R 102/74	BStBl. 1976 II, 793
BFH	Urt. vom 26.05.1977	V R 15/74	BStBl. 1977 II, 813
BFH	Urt. vom 08.11.1989	I R 174/86	BStBl.1990 II, 91
BFH	Urt. vom 23.10.1996	I R 1-2/94	BStBl. 1997 II, 139
BFH	Urt. vom 27.04.2000	I R 12/98	
BFH	Urt. vom 29.01.2003	I R 106/00	BFHE 201,287
BFH	Urt. vom 9.07.2003	I R 48/02	BStBl. 2004 II, 425
BFH	Urt. vom 25.01.2005	I R 63/03	BFHE 209,195
BFH	Urt. vom 7.11.2007	I R 52/06	BFHE 219, 563
BFH	Urt. vom 29.10.2008	I R 51/07	BFHE 223,232
BFH	Urt. vom 12.07.2012	I R 106/10	

Anhang

Anlage 1:[156]

Steuerrechtliche Grundlagen für Betriebe gewerblicher Art

Körperschaftsteuer

§ 1 Absatz 1 Nr. 6 KStG	Unbeschränkte KSt.-Pflicht
§ 2 Nr. 2 KStG	Beschränkte KSt.-Pflicht
§ 4 KStG	Betriebe gewerblicher Art
§ 8 KStG	Ermittlung des Einkommens
§ 15 Satz 1 Nr. 4 und 5 KStG	Ermittlung des Einkommens bei Organschaft
§ 23 KStG	Steuersatz
§ 24 KStG	Freibetrag i. H. v. 5.000,-- Euro
R 2 KStR 2004	Unbeschränkte KSt.-Pflicht
R 6-10 KStR 2004	Betriebe gewerblicher Art
R 29 KStR 2004	Ermittlung des Einkommens
R 33 KStR 2004	Einkommensermittlung bei BgA
R 72 KStR 2004	Freibetrag i. H. v. 5.000,-- Euro

Umsatzsteuer

§ 2 Absatz 2 Nr. 2 UStG	Organschaft
§ 2 Absatz 3 UStG	Unternehmereigenschaft
Artikel 4 der 6. EG-Richtlinie/Artikel 9 und 13 MwStSystRL	Unternehmereigenschaft
§ 13b UStG	Leistungsempfänger als Steuerschuldner
§ 14 Abs. 4 UStG	Angaben in Rechnungen
Abschnitt 2.11 UStAE	Unternehmereigenschaft von jPdöR
Abschnitt 15 UStAE	Vorsteuerabzug

Gewerbesteuer

§ 2 GewStG	Steuergegenstand
§ 10a GewStG	Gewerbeverlust
§ 11 Absatz 1 S. 3 Nr. 2 GewStG	Freibetrag i. H. v. 5.000,-- Euro

---

[156] Klocksin, André 2012: 52.

§ 2 GewStDV	Betriebe der öffentlichen Hand
R 2.1 GewStR 2009	Steuerpflicht

Einkommen-/Kapitalertragsteuer

§ 4 EStG	Gewinnbegriff
§ 20 Absatz. 1 Nr. 10b EStG	Leistungen von BgA ohne eigene Rechtspersönlichkeit
§ 43 Absatz 1 Nr. 7b und Nr. 7c EStG	Kapitalerträge mit Steuerabzug
§ 43a Absatz 1 Nr. 2 EStG	Bemessung der KapESt

Anlage 2:

Merkmale der Organisations- und Rechtsformen kommunaler Betriebe

	Regiebetrieb	Eigenbetrieb	Anstalt öffentlichen Rechts (AöR)	Zweckverband	Gesellschaft mit beschränkter Haftung (GmbH)	Aktiengesellschaft (AG)
Rechtsvorschriften	GO NRW, GemHVO NRW	§ 114 GO NRW, EigVO NRW, GemHVO NRW	§§ 114a ff. GO NRW, KUV NRW	GKG NRW	§ 108 GO NRW; GmbH-Gesetz, HGB	§ 108 GO NRW, AktG, HGB
Rechts- bzw. / Organisationsform	Rechtlich unselbständig. in die Gemeinde integriert	Rechtlich unselbständig; Sondervermögen der Gemeinde	Juristische Personen des öffentlichen Rechts	Juristische Person des öffentlichen Rechts	Juristische Person des Privatrechts	Juristische Person des Privatrechts
Träger	Gemeinde	Gemeinde	Gemeinde	Mitglieder des Zweckverbandes	Gesellschafter (Gemeinde)	Aktionäre (Gemeinde)
Gründung	Durch Beschluss des Gemeinderates	Durch Beschluss des Gemeinderates und Satzung (§ 114 GO NRW)	Satzung (§ 114a Absatz 2 GO NRW)	Satzung (§ 7 GKG NRW)	Beschluss der Gesellschafter, Gesellschaftsvertrag (§§ 2-3 GmbHG), not. Beurkundung	Aktionäre, Satzung (§ 23 AktG), not. Beurkundung
Kapitalausstattung	Finanzierung durch Kernhaushalt der Gemeinde	Angemessenes Eigenkapital (§ 9 Absatz 2 EigVO NRW)	Angemessenes Eigenkapital (§ 9 Absatz 1 KUV NRW)		Mind. 25.000,-- Euro	Mind. 50.000,-- Euro

	Regiebetrieb	Eigenbetrieb	Anstalt öffentlichen Rechts (AöR)	Zweckverband	Gesellschaft mit beschränkter Haftung (GmbH)	Aktiengesellschaft (AG)
Organe	Keine eigenen Organe. Zuständig sind: Bürgermeister, Gemeinderat	Betriebsleitung, Betriebsausschuss, Bürgermeister, Gemeinderat	Vorstand, Verwaltungsrat, ggf. mit Beteiligung des Gemeinderates	Verbandsversammlung, Verbandsvorsteher, ggf. Beirat oder Aufsichtsrat, ggf. Geschäftsführer	Geschäftsführung, ggf. Aufsichtsrat oder Beirat	Vorstand, Hauptversammlung, Aufsichtsrat
Entscheidungsorgane	Verwaltungsleiter, Dezernent bzw. Bürgermeister, Gemeinderat	Betriebsleitung, Betriebsausschuss, Gemeinderat	Vorstand, Verwaltungsrat	Geschäftsführer, bzw. Verbandsvorsteher	Geschäftsführer/Gesellschafterversammlung, (Aufsichtsrat)	Vorstand, Hauptversammlung
Haftung	Durch Gemeinde	Durch Gemeinde	Vermögen der AöR, Gemeinde (Gewährträgerschaft) § 114a Absatz 5 GO NRW	Vermögen des Zweckverbandes	Gesellschaftsvermögen	Gesellschaftsvermögen
Insolvenzfähigkeit	Nein (§ 12 Absatz 1 Nr. 2 InsO) i. V. m. § 128 Absatz 2 GemO NRW	Nein (§ 12 Absatz 1 Nr. 2 InsO) i. V. m. § 128 Absatz 2 GemO NRW	Nein (§ 12 Absatz 1 Nr. 2 InsO i. V. m. § 128 Absatz 2 GemO NRW)	Ja (§ 12 Absatz 1 Nr. 2 InsO). In NRW existiert keine landesrechtliche Bestimmung	Ja, im Rahmen der kommunalen Pflichterfüllung jedoch eingeschränkt	Ja, im Rahmen der kommunalen Pflichterfüllung jedoch eingeschränkt
Kreditfinanzierung	Kommunalkredite	Kommunalkredite	Kommunalkredite	Kommunalkredit	Bürgschaft der Gemeinde für GmbH möglich.	Bürgschaft der Gemeinde für AG möglich

	Regiebetrieb	Eigenbetrieb	Anstalt öffentlichen Rechts (AöR)	Zweckverband	Gesellschaft mit beschränkter Haftung (GmbH)	Aktiengesellschaft (AG)
Rechnungswesen	Keine eigene Buchführung; Doppik im Rahmen der GemHVO NRW NRW, GoB, keine eigene Haushaltsplanu ng	Doppik nach EigVO NRW, GemHVO NRW, GO NRW, GoB; eigene Planung (Wirtschaftsplan); eigene Buchführung	Doppik, GoB, eigene Buchführung	Doppik nach GemHVO NRW, EigVO NRW, GoB, eigene Buchführung	Doppelte kaufm. Buchführung nach HGB und Steuerrecht, GoB, eigene Buchführung	Doppelte kaufm. Buchführung nach HGB u. Steuerrecht, GoB, eigene Buchführung
Jahresabschluss	Kein eigener Abschluss, Bestandteil des Haushalts	Eigener Jahresabschluss; Weitestgehend nach Handelsrecht mit Besonderheiten EigVO NRW	Weitestgehend nach Handelsrecht	Nach GemHVO NRW und ggf. nach EigVO NRW	Eigener handels- und steuerrechtlicher Jahresabschluss	Eigener handels- und steuerrechtlicher Jahresabschluss
Publizität	Im Rahmen des kommunalen Haushaltes	Öffentl. Bekanntmachung (§ 26 EigVO NRW)	Öffentl. Bekanntmachung (§ 27 Absatz 3 KUV NRW)		§ 325-329 HGB, §§ 1 ff PublG	§ 325-329 HGB, §§ 1 ff PublG

86

	Regiebetrieb	Eigenbetrieb	Anstalt öffentlichen Rechts (AöR)	Zweckverband	Gesellschaft mit beschränkter Haftung (GmbH)	Aktiengesellschaft (AG)
Vergabebedingungen	VOB/VOL (gesamt), § 25 GemHVO NRW	Keine sofern Hauptzweck der Betrieb eines wirtschaftlichen Unternehmens ist	VOB/A, VOL/A § 8 KUV NRW i. V. m. § 25 GemHVO NRW	Keine sofern Hauptzweck der Betrieb eines wirtschaftlichen Unternehmens ist	Keine	Keine
Personal	Öffentliches Dienstrecht, kein eigener Stellenplan bzw. eigenes Personal	Öffentliches Dienstrecht; eigenes Person mit eigenem Stellenplan.	Dienstherrenfähigkeit, öffentliches Dienstrecht, eigener Stellenplan	Dienstherrenfähigkeit, öffentliches Dienstrecht, eigener Stellenplan	Keine Beschäftigung von Beamten	Keine Beschäftigung von Beamten
Mitbestimmung	Personalrat	Personalrat	Personalrat	Personalrat	BetrVG, MitBG, Betriebsrat	BetrVG, MitbestG, MontanMitbestG, AktG, Betriebsrat
Eigentümerkontrolle	Starke Kontrolle	Starke Kontrolle	Starke Kontrolle	Starke Kontrolle	Starke Kontrolle	Eingeschränkte Kontrolle
Staatsaufsicht	Ja	Ja	Ja	eingeschränkt	Nein	Nein
Parlament. Kontrolle	umfangreich	umfangreich	eingeschränkt	eingeschränkt	eingeschränkt	eingeschränkt
Besteuerung	Nur, wenn Betriebe gewerblicher Art vorliegen (§ 4 KStG)	Nur, wenn Betriebe gewerblicher Art vorliegen (§ 4 KStG); Bildung eines Querverbundes möglich (z. B. Wasser, Abwasser etc.)	Nur, wenn Betriebe gewerblicher Art vorliegen (§ 4 KStG)	Nur, wenn Betriebe gewerblicher Art vorliegen (§ 4 KStG)	Kraft Rechtsform, § 1 Absatz 1 KStG, § 3 Absatz 1 UStG, § 5 Absatz 1 GewStG, ggf. gemeinnützig	Kraft Rechtsform, § 1 Absatz 1 KStG, § 3 Absatz 1 UStG, § 5 Absatz 1 GewStG

	Regiebetrieb	Eigenbetrieb	Anstalt öffentlichen Rechts (AöR)	Zweckverband	Gesellschaft mit beschränkter Haftung (GmbH)	Aktiengesellschaft (AG)
Rechnungsprüfung	Örtliche Rechnungsprüfung, GPA NRW	Betätigungsprüfung	Betätigungsprüfung	GPA (§ 18 GKG NRW), ggf. nach Bestimmungen der EigVO NRW (§ 18 Absatz 3 GKG NRW)	Betätigungsprüfung	Betätigungsprüfung
Abschlussprüfung	keine	Ja, § 106 GO NRW; § 53 Absatz 1 Nr. 1 und 2 HGrG	Prüfung nach den Vorschriften für große Kapitalgesellschaften (HGB); § 53 Absatz 1 Nr. 1 und 2 HGrG	ggf. nach Bestimmungen der EigVO NRW (§ 18 Absatz 3 GKG NRW)	§ 316 Absatz 1 HGB i. V. m. § 267 HGB (mittelgroße und große Kapitalgesellschaften)	§ 316 Absatz 1 HGB i. V. m. § 267 HGB (mittelgroße und große Kapitalgesellschaften)
Flexibilität	Stark eingeschränkt	eingeschränkt	groß	unflexibel	Von der Gestaltung im Gesellschaftsvertrag abhängig	groß
Auflösung	Durch Beschluss des Gemeinderates	Durch Beschluss des Gemeinderates	Satzung	Satzung bzw. 2/3-Mehrheit der Verbandsmitglieder in der Verbandsversammlung	Beschluss der Gesellschafter, Insolvenz, Zeitablauf, Kündigung.	Beschluss der HV und durch Insolvenz

Anlage 3

Statistik zu kommunalen Unternehmen in Nordrhein-Westfalen 2009[157]

Privatrechtliche Unternehmen in Nordrhein-Westfalen 2009

	AG einschl. KGaA	GmbH	OHG, KG u. Ä.	Sonstige
Anzahl	53	1.517	77	7
Prozent	2,2%	63,7%	3,2%	0,3%

Öffentlich-rechtliche Unternehmen in Nordrhein-Westfalen 2009

	Eigenbetriebe u. Ä.	Zweckverbände	Anstalten	Sonstige
Anzahl	584	77	64	2
Prozent	24,5%	3,2%	2,7%	0,1%

Fonds, Einrichtungen und Unternehmen die sich in der Trägerschaft der öffentlichen Hand befinden oder an denen die öffentliche Hand mehrheitlich beteiligt ist. Nicht einbezogen werden im Ausland gelegene Beteiligungen.

---
[157] Quelle: Statistisches Bundesamt, Anfrage vom 9. August 2012; F305 Öffentliche Fonds, Einrichtungen und Unternehmen 2011 (eigene Darstellung).